地域の力を引き出す学びの方程式

柏まちなかカレッジにみる教育
×
まちづくりの答え

山下洋輔
Yosuke Yamashita

水曜社

はじめに

教育は、英語ではEducation。ギリシア語の原義でeは「外へ」、ducは「引き出す」ことを意味する。つまり教育とは「もともと持っている潜在的な力を外に引き出すこと」である。

私たち「柏まちなかカレッジ」は、千葉県柏市を中心に活動を開始して四年になる「学び合うコミュニティ」だ。

柏市は千葉県北西部に位置し、市の中心の柏駅は上野まで常磐線で三十分ほど。都内に通勤する人々が多く暮らすベッドタウンである。駅前にはデパートや商店が密集し、都内に買い物に出なくても事足りる一方で、車で十分も走れば豊かな田園風景が広がり、手賀沼の自然と歴史にも触れることも可能だ。

いま、柏はベッドタウンや商業都市としてだけでなく独自の個性を求めていると私たちは感じている。

本書で紹介する「まちなかカレッジ」は地域で暮らす人の能力を引き

出していくだけでなく、才能ある人や素敵な空間にスポットライトをあて、交流できるプラットフォームを整えていく仕組みである。これからの時代に向けた新しいスタイルのコミュニティを築き、活性化させ、地域に生きた人々の経験や思い出に価値を見出していく。そして、それを資源として地域のブランド化をはかることで、まちが活性化し、住民がまちに誇りをもち、住みたい人も増える……。私たちは、そんな循環を生み出したいと願っている。

私自身は、中学二年生の時に生まれ育った大阪府箕面の伝統的で古いまちから、父の転勤で柏に引っ越してきた。多感な時期で文化・歴史とのつながりを失ったように感じ、アイデンティティ喪失に陥っていたように思う。この経験から大学では歴史学や教育学の研究に取り組んだりもしたが、どこかで距離をとっていたように思う。しばらくして、地域の活動を始めてからも、自分自身で地域（柏）との壁を作り、よそ者のスタンスを取っていた気がする。そんな私に変化が訪れたのは、柏まちなかカレッジを立ち上げてからだった。

地域と積極的に関わっていくことになったことで、心の中の壁を取り払い、地域に心を開くようになっていったのだと思う。そこから生まれてきた地域への誇りと愛着は、地域をより良くするエネルギーになっていると今では確信している。

現在は、このエネルギーをもっと地域から引き出していきたい！。そのためには、もっと深いところから地域の運営に関わらねばならないと考え、選挙に立候補し柏市の市議会議員として、地域の資源を引き出すべくまちづくりに携わっている。

私たちと同じように、

「誇りのもてるまちをつくりたい」

「もっと自慢できる土地になって欲しい」

そう考えている人々に「柏まちなかカレッジ」の取り組みが参考になれば幸いである。

二〇一三年

山下　洋輔

目次

1 柏まちなかカレッジへようこそ

ハウディモールに抜ける小径。／撮影　山本智晶

きっかけ

柏まちなかカレッジがうまれるきっかけは、柏市が開催した市民活動講座だった。

これから市民活動を始めようと考えている人を対象としたこの講座は、柏市民活動センターが企画したもので、高校の先生から子育て中のママ、自治会役員、高齢者移送サービスや、ＩＴの分野での活動を考えている方など幅広い方が参加されていた。

私はこの市民講座に講師として招かれ、組織の経営、戦略、人脈、時間、お金がなくても心意気で活動してきたことや謙虚さの持つ強みなど、これまでの活動で得たことをお話したほか、これからの展望についても話をさせてもらった。その時、私が語った「これからの展望」というのが「まちなかカレッジ（当時は、まだ名前はなかった）」の構想であった。

講座終了後には、受講生や講師、講座主催者も参加する懇親会が開かれ、この懇親会に参加していた方々と「まちなかカレッジ構想」って面白い！ と盛り上がり、早速設立委員会を結成してしまったのだった。「面白い」と思ったら、「とりあえずやってみようか！」というのが、柏まちなかカレッジである。いま思っても設立の時から、ゆるくてスピーディーな集まりであった。

では早速、柏まちなかカレッジの主要メンバーを紹介したい。

一人目は柏駅近くの東葛飾高校に転任してきた高校教諭の福島毅さん。東葛飾高校は私の母校でもある。彼は「学校と地域づくり」について放送大学でも学び、対話に関するワークショップにも精通している。勤務校の卒業生である私が話すと聞き、市民講座に参加したそうだ。いまは柏まちなかカレッジの副学長を務めてくれている。

次にPeace Makersという若者ボランティア団体リーダーの小溝敏央さんと市民劇団Cotik代表の鈴木洋輔さん。二人は私と同じく、市民活動講座の講師として参加し、懇親会での流れで設立委員会に加わった人たちだ。

そして、この講座を主催した柏市市民活動推進課（現・協働推進課）の沖本由季さんと高木貴子さん。この二人に加わってもらえたのは心強

柏まちなかカレッジ企画運営会議メンバー

かった。

最後に、この講座を企画した市民活動センターの松清智洋さん。彼は市民活動団体をつなぐプラットフォームをつくろうと、講師を選び、参加者に呼び掛け、懇親会を準備してくださった方だ。柏まちなかカレッジ設立のプロデューサー的役割を果たしてきた。頭脳明晰で、ニヒルな風貌で心の奥に、情熱を秘めた男である。

柏まちなかカレッジ開校式までの道のり

まちの担い手を育てる先輩の存在

「お前さんの、ビジョンを示さないとダメだよ」

これは、長年にわたり柏のまちづくりを引っ張ってこられた石戸新一郎さんの言葉である。石戸さんは、「ＪＯＢＡＮアートラインかしわ」など、まちのイメージアップをはかる活動や、柏のブランドを高める事業を手掛けてきた方だ。

石戸さんにお目にかかった当時私は、柏まちなかカレッジの開校式の場所を探していた。できれば、柏駅東口の多くのストリートミュージ

アートラインかしわ 2012
ライブペインティング 30VS30

シャンなどのパフォーマンスでにぎわっている「ダブルデッキ」でやりたいと考えていた。加えて、開校式はゲリラ的に行うのではなく、ちゃんと許可を取って堂々とやりたい。と考えていたため、日頃ストリートパフォーマーたちの活動の許可などを管理している柏インフォメーションセンターに相談に行ったのだった。すると、私たちの開校式は「ストリートパフォーマンスとは違うので、許可は出せない」との答えが返ってきた。ちょうどその時、電話をかけてきた石戸新一郎さんに、担当してくれた人は私が来ている話をしたそうだ。私は電話口に呼ばれ、「今から三十分くらいなら時間があるが、私の事務所まで来られるか？」と言われたので、急いで事務所に向かった。

私は、石戸さんに開校式を駅前の「ダブルデッキ」でやらせてもらいたい。とお願いした。

「なぜ、駅前のダブルデッキでやるんだ？」

「人通りが多く、多くの人に知ってもらえるからです」

……と答えたものの、実はそこまで深く考えていたわけではなかった。

「ほかに方法はないのか？」

「こちらもベストを尽くしたいので、無理と言われても、何とかなら

アートラインかしわ2011　ギリヤーク尼崎さん　ハウディモール アートプロジェクト時を超えた魂の響き

ないか、もがいています」

「私は、戦術と戦略を間違う人間を、今までたくさん見てきた。多くの人に知ってもらいたいのなら、新聞に取り上げてもらえばいいだろう。ビジョンがしっかりしていれば、取り上げてもらえる。取り上げてもらえない内容だったら、駅前でやったとしても意味ないよ」

「お前さん方の活動は、知ってるよ。誰が、何の目的で、何をやるか。きちっと周囲の理解が得られないと、仲間内のサークル活動で終わってしまうよ」

この言葉にハッとした私は、駅前を会場にする計画を変更することにしたのだった。

実は最初は、断られたことで頭がいっぱいだった。しばらくして少し冷静になって、やり取りを振り返った。石戸さんは、私たちの活動を以前から気にかけ、そして機会があれば助言しようと思ってくださっていたのだと気がついたのだと思う。

「お前さんの、ビジョンを示さないとダメだよ」

その言葉で目が覚めたような気がした。

柏駅東口は日本初のペデストリアンデッキ。通称ダブルデッキ。／撮影 山本智晶

ギリシアのアゴラのような開校式会場

母校の旧校舎跡にて

私たちは「開校式の目的」から考え直した。そもそも、単なるセレモニーをやりたかったわけではない。「柏まちなかカレッジの理念を発表」したかったのだった。しっかりと話し合える場所の方がいい。

色々と話しあった結果、開校式には私の母校である千葉県立東葛飾高校を使わせてもらうことになった。会場は私の在学中に、取り壊された旧校舎の跡地だ。取り壊し反対運動で、当時の生徒会長がハンガーストライキを行い、その様子をテレビ局が取り上げようとしたが「学内の問題だから」と会長が取材を断ったのを覚えている。

この跡地には玄関だけが残っており、今の在校生たちには「パルテノン」と呼ばれているそうだ。ちょうど、ギリシアの人たちが、広場（アゴラ）で話し合ったようなイメージの会場になるぞ！　と心が躍った。

開校式に向けて

みんなでつくるカレッジ校歌

「開校式と言えば、校歌斉唱でしょ」

そんな提案が、受講生のMさんから突然メーリングリストに出されたのは開校式の準備を進めているときだった。

しかしながら私たちには、校歌をつくる能力をもったメンバーはいない。

すると、Mさんは歌詞と鼻歌のデモを送ってくれた。その歌詞は、私たちの理念をよくあらわしている素敵なものだった。

Mさんにここまでつくってもらったのだから、完成させなければ！ というプレッシャーを感じ、近所に住むジャズミュージシャンのフーミン（瀬戸郁寛さん）に相談した。フーミンは編曲し楽譜を書いてくれることを快く引き受けてくれた。さらに、開校式での演奏をお願いすると、こちらも快諾してくれた。

校歌の楽譜ができた時には「ものすごく立派なものができた！」と大

開校式案内やプレスリリースに挿入したイメージ図

喜びしてしまった（笑）。

「みんなで歌うためには、歌唱指導も必要だろ?」とフーミンは、楽譜に歌う時のアドバイスも加え、当日の歌唱指導も担当してくれた。

当日は、川村ゆう（ボーカル）、フーミンこと瀬戸郁寛（サックス）、

のぼり旗、おだゆき乃さんのデザイン

猪越尚平（ギター）、江野尻知宏（ドラムス）、浅賀信行（ベース）による生演奏で、柏まちなかカレッジの校歌をみんなで歌うことができた。

さらに、のぼり旗のデザインも、メーリングリストのメンバーからの応募である。地域新聞のライターでもある、おだゆき乃さんのデザインを使わせて頂いた。

まさに、みんなでつくるカレッジの誕生だった。

二〇一〇年。四月十一日「パルテノン」と呼ばれる玄関の下で、柏まちなかカレッジの開校式を行った。大きな木の切り株を囲っての話し合い、音楽演奏に合わせての校歌斉唱。ぶれることない、柏まちなかカレッジらしい開校式になったと思っている。

ちなみに、この開校式は四つの新聞や地域の情報誌に取り上げて頂いた。あの時、石戸新一郎さんが忠告してくださらなかったら、あんなに我々らしい開校式を迎えられていただろうか？　いまでも石戸さんには心から感謝している。

かつて生い茂っていたヒマラヤ杉の切り株を囲み、対話

2 柏まちなかカレッジをつくるもの——

柏の二番街は、いつも人でにぎわっている。／撮影 山本智晶

専任講師は不要

まちの人、誰もが先生に

柏まちなかカレッジは「まちの人が先生」になるのが特徴である。

たとえば、入社三年目の若手社員。入社三年というと、社内やその業界では修業中（まだまだの段階）と見られているかもしれない。しかし柏まちなかカレッジでは、立派な一人の専門家とみなされる。実際、柏まちなかカレッジに参加することで、自分の専門性を自覚し、仕事に誇りを持つようになったという参加者も多い。また、専門外の方と意見を交わす中で、いままで自分では思いつかなかったような新鮮なアイディアが生まれることもあるという。

「まちの人が先生」というアイディアは私が主宰していた大学院生の勉強会から生まれたものだ。

大学院にいる学生は、小さい頃から、学業優秀で、勉強好きの人が多い。そのまま、大学院に進学した彼らは、いつの間にか親戚や周囲から、「勉強もいいけど、ちゃんと働かないと」など言われるようになる。私は、今までと違う周囲の言葉に戸惑う大学院生たちとたくさん出会ってきた。研究職は、プロ野球選手になるくらい難しいものである。大学院で一生懸命に勉強しても、学会では、まだ発表できる段階には至っていない。将来に不安を抱え、自信を失う人も多い。私はそんな大学院生たちを幅広い分野から集め、各分野の話や自身の考えについて議論できる場をつくったのだった。

その分野では当たり前の話でも、他分野の研究者にとっては新鮮に聞こえる。若く、柔軟な意見が飛び交う中、発言者はその分野を背負っているような気分に高揚し、いつしか自信に満ちた顔に変わっていった。

その勉強会を、もっと幅広い人たちに呼び掛けて行おうと考え、取り組んだのが緑葉教育研究会という勉強会である。「中高生の親子関係」をテーマに、教育学研究者、心理学研究者、高校教諭、そして、中高生の親と大学生に参加してもらった。

その勉強会の中で、一番好評を得たのは大学生の経験談だった。彼は、私が高校で教員をしていた時の教え子。悔しいことに、先生（私）よりも、参加者を惹きつけたのだ！（笑）

この経験から、先生らしい人が、先生にならなくてもよい。いや……、

生徒として参加した人の意見も貴重。先生と生徒が、入れ替わっていく

ならないほうがよいのだ。と気がついたのだった。身近な人の話、そしてその人の経験をもとにした話の方が、受け入れやすいのである。

こうして、「まちの人が先生」は生まれたのであった。

まち全体が教室

ソクラテスのように

柏まちなかカレッジ（以後柏まちカレと表記する場合もある）は、まち全体がカレッジで、まちのお店や公園、ストリートが教室だ。所有する建物も、教壇も黒板もないかわり、どこでも学ぶことができるのが強みだ。

市民活動で困ることとの上位に「場所がない」ということが上げられることがあるが、私たちはそれを逆手にとって、活動拠点となる事務所や教室を「所有しない」という方針をとった。少し視点を変えて見ることで、まちには「学びの場所」があふれていることに気がついたのだった。

柏のまちなかにある魅力的な場所を、教室として使わせてもらうことで、柏というまちの新たな魅力を引き出し、その魅力を受講生に感じてもらう。最近の学校は、クーラーはもちろん電子黒板などＩＴ環境も整ってきている。しかし、いくらハード（教室の設備）が整ってきても、ソフト（学ぶ中身）を疎かにしては意味が無い。大切なのは「学ぶ姿勢があるかどうか」なのである。

柏まちなかカレッジでは、その活動について「人と人とが出会い、対話し、考えを深める」ということに焦点を絞っている。

例えば、ある喫茶店で開催された講座を、ほかのお客さんが見かけ、

「あの集まりは何なの？」

と問う。

すると、お店の人は、

「あれは、柏まちカレといって、柏のまちをカレッジと見立てて、学び合う文化を広めていこうと活動している集まりなんだよ。柏も面白いだろ」

と答える。

まちの方々の協力を得て、開かれた場で講座を開催しているからこそ、そんな会話が生まれるのである。

当然、はじめは教室となる場所を確保するのは大変だった。しかし、

柏ふるさと公園にて。アクシデントがあっても、動じることなく、開講される

柏まちカレの趣旨を説明し、お願いして歩いてまわる中でまちの方の理解を少しずつだが得られるようになっていった。今では、快く教室に使わせてくださるお店や企業も増え、中には自宅の一室を開放してくれる人も出てきているし、新しいお客様を連れて来てくれるおかげで、開店したての頃に地域に根付くきっかけになったと感謝されることも多くなった。今後どうなるのか、新たな展開が楽しみなところだ。

机がなくても、偉大な人物は生まれた。ソクラテスが、地面に字を書いて対話を深めたように、柏まちなかカレッジは、学びの原点に真摯に向き合いたいと考えている。

カレッジの運営費

起死回生の案も飛び出す?

場所の確保に続き、多くの市民活動団体で課題となっていることは「お金(資金)」についてだろう。柏まちなかカレッジの設立時も、お金は議論の争点となった。

柏まちなかカレッジは、固定の事務所や専属スタッフを持たない。教室は先に書いたとおりまち全体。お店などのスペースは、その都度借りている。PRは口コミで、先生とスタッフはボランティア。むしろ、トム・ソーヤーのペンキ塗りのように、参加するためにお金を払うようにしようと考えたのである。

（補足・トムはいたずらの罰としてペンキ塗りを命じられていた。せっかくの休みにペンキ塗りをしなければいけなくなったトムは、なんとかならないかと頭をめぐらせ、そして名案を思いつく。本来、つらくていやなはずのペンキ塗りなのに、楽しそうに口笛を吹きながらはじめたのだ。通りかかった友達はトムを冷やかす。トムはお構いなしでご機嫌でペンキを塗っている。不思議に思った友達は、なぜ楽しそうなのか？と聞く。「なぜって？だってペンキ塗りって毎日できる仕事じゃないだろ？」。確かにペンキを塗る機会は少ない。友達はあまりにも嬉しそうなトムを見て、ついつい自分も塗らせてくれと頼み込む。トムはこれを断る。興味を示した友達は、自分の持っている宝物と交換に塗らせてくれとまで頼み込み、ならば……と、トムはその宝物と交換に「とっておき」のペンキ塗りという仕事を友達にやらせてあげるのである。やっとペンキ塗りという「価値ある」仕事を手に入れた友達は、大喜びで仕事にとりかかる。その姿を見たほかの友達も次々にペンキ塗りに加わっていく…というお話）

設立時には、ホームページとパンフレットを作製した。この費用は、企画運営スタッフの手弁当である。これも貴重な体験だと思っていたので、習い事の授業料や遊園地の入場料のような感覚であった。

「設立のお祝いみたいなものだし、結婚式に包む金額くらいは出そうよ」

そんな声もあって、私も仰々しく「のし袋」に入れて、会計係に渡したことを覚えている（笑）。

基本的に柏まちなかカレッジはあまりお金がかからないように設計されているが、当然活動していく中で必要な物も発生してくる。次からはパンフレットの第二号を作ろうという案が出た時の議論について書きたいと思う。たかがパンフレットかもしれないが、この時の議論は私たちにとって大事なことだったと感じている。

二〇〇九年十月頃、

「柏まちなかカレッジの企画が、素晴らしいものだといっても、幅広くまち全体を巻き込んでいかなければ、意味がない。まちの企業や商店街から広告を募り、お金を出してもらうことで、しっかりと関わってもらおう」

という意見がメンバーから出された。もちろんこう考えるのは、しごく当然のことで一般的なのかもしれない。実際に、広告代理店に勤める先輩からも、似たような助言を受けていた。

しかし「私たちの活動は一般的なものではないんだ」という自負があったため、私はパンフレットの第二号の作成は不要だと考えていた。メンバーと長い時間をかけメールのやり取りや、会合での話し合いを続けた。各メンバーは本当に忍耐強く議論を重ねていったと思う。

最終的にはパンフレットの議論に決着をつけるための合宿も行った。夜通しとことん話し合う予定だったのだが、予定とあるように夜通しの話し合いは行われることはなかった。実は、夕食前に「パンフレット第二号は不要」という意見に全員が合意したからだった。しかも、メンバーの一人が、浴場で持病の発作を起こし救急車で運ばれるというアクシデントもあり、波乱に富んだ合宿であった。

「商店街や企業の方々に、頭下げて回らないといけないといけないのは、気が重かったんですよねぇ……」

お金集めに奔走しなくて済んだことで、ほっとしたスタッフも多かったようだ。

ちなみに、この議論が可能になったのは、福島さんのファシリテーションによるところが大きい。私たちは、こういった話し合いを通して「対話」の技術を身に着けていったのだと感じている。

もちろん「そうは言っても、お金は必要だ！」という声がすぐに無くなったわけではなかった。この意見に対して、答えを見出せないままでいたとき、メンバーの杉浦さんに、「夏祭りに出店しその売上を年間の資金源としている団体がある」ということを教えてもらった。

「それは、文化祭みたいで、楽しいね～」

とみんなで盛り上がり、勢いで杉浦さんは文化祭実行委員長というポストにまで就任することとなってしまった。重苦しい議論の中に、一筋の光明が差しこまれたかのような気持ちであったから仕方ないとは思うものの、本当にスピーディーである（笑）。

その後、夏祭りの予行練習として、五月に開かれる市民活動フェスタに出店することが決まった。高校教諭や大学生などのメンバーが「どこどこの業者は返品可能だ」とか、「焼きそばは原価率が低い」などと詳しくて、まるで文化祭の出し物を決めるような楽しい話合いになった。

話合いの結果「私たちは、モノではなく、体験を売ろう」ということになり、綿アメの機械を借りて「綿アメ体験」として出店した。

そのほかにも、懐かしい「カタヌキ」を、顕微鏡を使ってどれだけ正確に抜けるか、というコンテストも行った。

「綿アメの原料は、砂糖だから活動資金に困ることがないくらい儲かってしまうね」

……っと、のんきに皮算用をしていたが、実際は機械のレンタル料もあり、一日中かけて五人がかりで手伝ったわりには、大きな利益は得られなかった。この五月の結果を受けて夏祭りの出店計画は、自然に消滅したのであった。

ちなみに、心配される方がいらっしゃると思うので、現在の柏まちなかカレッジの財政状況についてどうなったかをお知らせをしておきたいのだが、簡単に言うと、財政状況は大丈夫（笑）。簡単すぎましたか？

柏まちカレでは講座参加費として、参加者から一人五百円を頂いていいます。それが私たちの唯一の資金源ですが「固定費はかけない」という方針のおかげで、その中でやり繰りができているのです。

それでは次に、私たちの活動の評価の基準についてお話しましょう。

綿アメではなく、綿アメ作り体験を売る

評価基準

まちカレ独自の考え方

柏まちなかカレッジの成果を計る基準。それは、どれだけ「人と人とのつながりが生まれたか」である。

一般的には、まちに、「どれだけの経済効果を生んだか」が、重要になってくるのかもしれない。確かに開催会場のお店に人が集まり、お店の存在が多くの人に認知されるようになったり、新規客の開拓に繋がったり、注文が増えたり……。遠方から、はじめて柏に来たという受講生もいた。講座から、新しいビジネスを立ち上げた人も出ているから実際には、いくらかの経済効果はあっただろう。

しかし、私たちはそういった効果は、副次的なものと考えているため特別に計ったりはしていない。運営や広報手段の話合いの中で、私たちは「お金」によって人を巻き込んでいく道ではなく、「理念」や「ひらめき」、「情熱」でつながっていくコミュニティであることを選択したからだ。

それらは、数量的に計測することは難しいだろう。参加人数や開催された講座数を数えることはできるがそれでは意味が無い。

私たちは数値的なものよりも、柏まちなかカレッジから、どのようなプロジェクトや人が羽ばたいていったか、どんな面白いことをやれたか、に注目して活動をしている。

集客方針

人数よりも質

市民活動に関わる人たちだけでなく、どんなイベントでも問題になるのが「集客」である。一般的には、そこそこ名の知れた人（芸能人や有名人）を呼ぶことで人を集めることが多い。当然、そこそこ名の知れた人だからという理由で、そこそこ（お金も広さも）の会場を用意することになる。そこそこ名の知れた人だから、お客が少人数では失礼だと考え、必死に参加者を集める必要がでてくる。

柏まちなかカレッジの講座は、初めて人前で話すような人が先生となって行う。場所もカフェの片隅で行うなど、こぢんまりとした集まりであるため、大勢が集まらなければならないというものではない。

柏まちなかカレッジの一年目、私はまちなかのカフェや居酒屋、イベントなど、あらゆる場所で、柏まちなかカレッジの話をして歩いた。興味を持ってくれた方には、直接メールや電話でお誘いもした。地道な方法ではあるが一年目はこの口コミで集客問題を乗り切った。

二年目に入ると、「口コミだけでは、広まらないのでは？」そんな不安の声も会議に出てくるようになっていた。大勢を集める必要はないといっても三人くらいは参加してもらわないと「話し合う場」として成立しない。講座の企画を知ってもらうことはできても、時間を割いて、参加費五百円を払って参加してもらうのは難しい……。口コミだけで本当に少人数で大丈夫なのだろうか？　そんな不安がメンバー内に拡がるようになっていた。私自身も不安を感じるようになっていた。この不安が消え去ったのは、大阪市中崎町のコモン・カフェのイベントに参加してからだったと思う。

コモン・カフェでは、日替わり店長や持ち込みの企画を開催している。その一つ「紅茶の美味しいいれ方」に私が参加したのだった。

久々に調理実習的なものを体験した新鮮さもあってか、本当に充実した時間を過ごすことができた。なかでも、参加者の数については目からうろこだった。

参加者は、「三人限定」。参加者の立場で見てみたら、確かに大人数である必要はなかったし、少ないおかげでかえってほかの参加者や先生と親しくなることができた。今でも私は、その時の先生と交流がある。柏にも来ていただいたこともあるし、お互いのイベントにも度々参加し合っている仲だ。

この経験から、より一層「人数」よりも「企画内容」や「参加者同士の交流」に重きを置くようになった。そしてやはり、企画内容に満足してくれた方は「口コミ」をして下さることも学んだのだった。

その後、集客はツイッターやフェイスブックといったＳＮＳ（ソーシャルネットワークサービス）が普及したおかげで、随分と楽になった。参加者同士の情報交換の場でもあるメーリングリストも現在二百名ほどの登録がある。定期的に講座情報を発信するほか、講座内容に関連する団体のメーリングリストに紹介してもらうなど、インターネットでの集客の割合は増えている。

ただ、これら文明の利器も顔の見える関係があってこそ、生きてくるのだと感じているため、人と会い、私たちの理想を伝える活動は続けていきたいと思っている。

深まった運営方針

「ない」ことを強みにする

「場所」や「お金」の話合いを通して、「柏まちなかカレッジ」としての考え方や運営方針は深まっていった。

ここで、運営方針を考えるときに、私が用いる発想法を紹介したい。それは「コスタリカ戦略」といい、理念を打ち立て「ない」ことを売りにする方法である。例えば、柏まちなかカレッジは「まちが教室、身近な人が先生、仕事とは違う地域の顔を持つ」こういった考えのもと運営されているが、この考えには、今まで私が教育学や歴史学から学んできたエッセンスと運営面のノウハウが凝縮されている。この考えで運営しているお陰で、金銭的にまわらなくなることはなくなった。

まちが教室ということは、逆を言うと教室を持っていないということ。

身近な人が先生ということは、大先生に気を遣ってお車を準備したり、大きいホールを用意したり、大勢の人を集めたりする必要がないということ。

仕事とは違う地域の顔を持つということは、専属のスタッフを持たない代わりに、それぞれのメンバーの専門的なスキルを地域に活かすプロボノ活動であるということだ。

場所がない、有名人を呼ぶのが難しい、専属の職員を雇えない・見つからない……。こういった市民活動団体が抱える悩みを逆手にとったわけである。

この「コスタリカ戦略」MBAで学んできたような名前だが、実は私の造語。

コスタリカでは「何もない森」に多くのカナダ人が訪れているという。なぜカナダ人が訪れるのか、コスタリカの人が不思議に思い調べたところ、豊かな自然を求めていたと知る。そこで、コスタリカではエコツアーを整備し、結果その自然は世界遺産に登録されたのだった。観光収入が増加し住民は潤った。住宅にも工業にも、商業にも適さない「なにもない」土地が、観光資源に変わったのだった。

もう一つ、一九四九年からコスタリカは常設の軍隊を持っていない。「兵士の数だけ教師を」合言葉に、軍事予算を教育予算に回し教育国家に転換したためだ。このお陰で軍事クーデターは無くなった。中米紛争の部分的解決にも功績を残したと言えるだろう。パナマ、ハイチ、ドミニカなども常設軍を持たないのだが、コスタリカを模範にした部分もあるそうだ。

私は、自然や平和といった理念を強く打ち出すからこそ、持たないことを強さに変えられるのだと学んだ。ここから、この逆転の発想をコスタリカ戦略と命名したのだった。

さて、それではここで柏まちなかカレッジの運営方針について細かく紹介しよう。

個人からの寄付は受けるが、企業などから大口の寄付は断る。

これで、私たちの活動の独立性を維持することができた。(東日本大震災後にすぐに、原発の問題に取り組むことが出来たのも、私たちに大口のスポンサーがいなかったからである)

固定費は、かけない。

事務所費や専従スタッフの人件費を確保するために、広告や補助金を集める必要がないためスタッフの負担が軽減される。

助成事業は受けない。

申請書類や報告書の作成にエネルギーを費やすことはしない。無駄な時間とは言わないが、純粋に講座の企画・運営に専念できることで各講座の品質を保つことができる。また、年間カリキュラムを立てる必要もなくなるため講座を開きたいときに、すぐに動けるスピードと柔軟さが備わった。

法人格をとらない。

やる気がなくなった時が、解散の時！

まちづくりや交流の場であるが、「教育」を活動の柱にすえる。

「講座企画」という具体的な活動を中心にすることで、ぶれないようになった。

次に年間カリキュラムを持たないことについて、詳しく紹介していきたい。

年間カリキュラムなし

講座開催までの流れ

本来なら、年度始めに、年間のカリキュラムを提示し、それに沿って講座が開催されていくものである。しかし、柏まちなかカレッジには、年間カリキュラムは存在しない。「講師をさせて欲しい」と提案があったとき、「この人に、この講座をやってもらいたい」と企画したとき、その情熱が冷めない間に開催したいのだ。そうすることで、そのときに必要とされているテーマや、流行のものなど新鮮なテーマを扱うこともできる。今は移り変わりが激しいので企画から半年経ったら、その情報は古くなるかもしれない。その先生候補者は有名人となり、忙しくなってしまうかもしれない。そんなことも考えての方針である。

開催までの流れは、講座企画の提案→柏まちなかカレッジ企画運営会議→承認→会場手配・企画のブラッシュアップ→広報・参加者募集→開催、という形をとっている。

講座の提案は、企画運営会議スタッフからの企画、「柏まちカレで先生になりたい」という持ち込みの企画のほか、スタッフが先生候補者と出会い意気投合して生まれてくる企画や、スタッフの興味関心から「あなたの話をみなさんに聞かせてもらえないでしょうか」と頼んで実現したものなどがある。企画運営会議スタッフが持つ好奇心のアンテナやネットワークはこの活動にフルに活かされていると言えるだろう。

持ち込みの企画には、その企画に興味のあるスタッフが担当となり、会場探しや広報など、開催までのサポートを行っている。最も重要なのは、企画のブラッシュアップ。何度も、何度も企画について話合い、間違っても講師の自慢話をする会にはならないようにしている。さらにまちカレの特徴である双方向に意見交換でき、学び合うコミュニティを作っていくには、しっかりとした事前準備が必要となる。

「年間カリキュラムがなかったら、困るのではないか」

「講座が持続できないのではないか」

そんな心配の声も聞く。困ることを強いてあげるとしたら、受講者に早めに開催日時を知らせられないことだろうか（現在でも二、三週間前にはお知らせしているが)。三ヶ月前から告知していれば、仕事を休んで参加できた。という可能性もあるかもしれない……。とはいえそこまで考えていては動きが取れなくなる。その代わりと言ってはなんだが、まちカレでは、当日申し込みや遅刻しての参加も受け入れ、タイミングが合う時に、気軽に参加してもらえるような体制をとっていることを書いておきたい。

また「年間のカリキュラムを決めていないと、講座が定期的に開催されないのではないか」そういった心配もあるだろう。実は、定期的に開催されないことが問題、とは私たちは考えていない。柏まちなかカレッジは、スタッフが開催したい時に活動し、忙しい時やアイディアがない時には、無理に講座を開催しないようにしている。なぜならば私たちがもっとも恐れているのは、惰性と義務感で活動することだからだ。

実際には、月四回ほどの講座開催が平均的なペースだ。寒い月などは一回も開催されないこともある。その一方で、七回も開催している月もあるという状態なので、平均で月四回である。

スタッフの仕事や生活に無理を強いることなく、気持ちが乗っている時に活動すればいいのだ。もちろん、こういった適当な計画で運営できるのも補助金や助成金を受けていないからである。

年間事業計画などを提出する必要が無いのは、安定が無いともいえるが、「自由」ということでもあるのだ。

組織のかたち

役職は自分で名乗る

次に組織運営の考え方について紹介したい。特に組織の運営については「退会したい」というメンバーの申し入れに対する、メールでのやりとりに「柏まちなかカレッジらしさ」がよく表れているので合わせて見てもらいたいと思う。

柏まちなかカレッジの面白いところでもあり、難しいところでもあることは、「自分で仕事をつくり出す」ということだろう。

まちカレには「言い出した人が責任者になる」という暗黙のルール（というより当然の流れ?）がある。活動資金づくりのために祭りに出店すること（スタッフ内では文化祭と名付けている）を提案した杉浦さんは、文化祭実行委員長になり、高齢者のサークルをつくりたいと言った槙さんは、いきいきシニア部長になった。

自分が頑張っている活動に対して、周囲から認められる形で役職に就いた人もいる。徳永さんは、まちなかで不動産業を営んでいる関係で、メンバーからの伝言や預かり物の中継を行ったり、諸手続きを行ったりしているうちに総務部長と呼ばれるようになった。新聞作成のリーダーの山田理恵子さんは、編集局長だ。

一方で、柏まちなかカレッジの活動に共感し、柏まちなかカレッジ企画運営会議メンバーになったが、何をしていいかわからず去っていった人もいる。指示をされたら手伝うという姿勢のままでは、長く続けられないということなのだろう。

私たちは、メンバーを募る際に手伝っていただきたい内容については細かく示している。

ご協力のお願い

柏まちなかカレッジは、受講生・講師・運営組織が一緒に楽しみながら作り上げていきます。柏が好き、柏を盛り上げたい、何か成し遂げたいという市民スタッフが運営しています。教室も、事務所も、専属スタッフもありません。まちの方々に支えられ、運営しています。

場所、人材、体力、時間、知恵をお貸しください。

場所

◆講座を開催してもいいという場所

人材・時間

◆企画運営スタッフ（二週間に一度くらい、夜十九時から二十一時まで、企画運営会議）

◆ウェブデザイン、ホームページ更新スタッフ

◆まちカレ新聞の編集・印刷

宣伝

◆事前告知・ＰＲ、参加呼びかけ

◆ＳＮＳ、ブログ、ホームページでの紹介

◆プレスリリース、メディア関係への働きかけ

研究

◆講座報告、記事のまとめ

◆研究対象として、調査（大学生・院生の研究・調査、大歓迎です）

機材・資材・技術

◆撮影記録、USTREAM等への配信、動画編集、看板等美術

書籍化

◆出版社への紹介、編集、印刷、販売

専門知識

◆会計、法律、IT、広報、デザイン、音楽編集

このように、私たちは求めるものについては明確に示しているが、メ

ンバーになったからといって、すべてを背負わなければいけないというものではない。自分の興味や特技を活かせる分野で、一緒に何か出来ればと考えている。

無理強いをしないからこそ、自分で仕事をつくるという「楽しみ」と「苦しみ」を乗り越えることができるのではないだろうかと思っている。

柔軟な組織運営

メンバーに退会という概念すらない

柏まちなかカレッジを立ち上げてから、二回目の夏のことだった。メンバーの一人から「退会したい」との申し出があった。その方は、四十代半ばの働き盛りの会社員。海外出張が多くなったこと、職場も遠くなったことで、平日の夜の会議には参加できなくなっていたため、退会を希望されたのだった。

彼は、障がいを持った人たちが運営する喫茶店でボランティア活動をした経験もある方で、若手の面倒見がよく、私も本当に可愛がっていただいた。積極的に人に話しかけていくので、柏まちなかカレッジの広報部長として、まちのお店やほかの団体へのＰＲ活動を担当していただいており、ＰＲ活動の中で知り合った劇団の広報を担当したり、オヤジダンサーズの活動に参加したりと、各団体をつないでいくような存在となっていた。

彼が、退会したいと申し出た時期と同じ頃、設立時に尽力した事務局の一人もまちカレの実質的な活動に関われなくなり交代していた。柏市の市民大学の企画を担当することになり、多忙を極めていたことが理由だったが、「一つの時代が終わった」と感じたメンバーもいたと思う。

退会や事務局交代という出来事が続くなか、福島さんからメンバーに送られた一通のメールが流れを変えた。福島さんのメールは私たちの方針を再確認させるものだった。

秀逸な内容だったのでここで、全文を紹介したい。

from: 福島さん
to: 杉浦さん
subject:「退会という概念すらありません」

杉浦さん みなさん 福島です。

杉浦さん、お疲れ様でした。

まちカレは一応団体ですからちょっと固めの運用規定などは定めていますが、僕の心の中には〝退会〟という概念すらありません。これは個人的なものですが……。

また興味を持っていただき、運営側として参加したくなればスタッフになればいいと思いますし、気が向かなければ長期休暇であってもいいし。もちろん〝退会宣言〟をして、けじめをつけたいということであれば、その意志は最大限尊重しますし……。

つまり、出たり入ったりが自由なんですよ。一見無責任に見えるこのシステムが、実は一番責任あるやり方だと思うのは、〝いやいやコミットしている自分〟という状態が一番僕は無責任だと思うからです。人間はもっと自由でいいんです。

学校文化とか部活文化というのが、それをつくっていると思いますが、一度はじめたら最後までやりとおさねばとか、入学したら卒業しなくてはとか、途中で変更するのはいくじなしみたいな考え方のモデルが染み付いているのかもしれません。時代の変化は速く、人もここ最近気づきや変化が速いです。

ですから組織は柔軟であらねばならないと思いますし、組織を構成する個人の尊重もまた大事な事柄であります。

次回会議については、あくまで杉浦さんの任意です。義理立てて参加する必要はありませんし、最後に挨拶をと思われるのでしたら出てください。次回でなくて、ひょこっと遊びに顔をだされてもいいし。

まちカレが皆さんのお役に立つ〝装置〟であることを私はいつも願っています。

では……


このメールを受け、それぞれが柏まちカレで身につけた精神・ノウハウを活かして、それぞれの仕事や活動を続けていることに気づくことになった。活動を休止しているメンバーから近況報告が寄せられた。引っ越し先で、経営者たちで集まって「まちカレ」的な活動をしている。就職し、勉強会を主催してる、と。柏まちカレの活動が、ほかの団体や地域にも根付いてきたことも知ることになっていった。

3 柏まちなかカレッジがやってきたこと

本まっち柏メンバーの経営する
児童書専門店、ハックルベリーブックス
／撮影 山本智晶

柏まちなかカレッジの成果をはかる基準は、どれだけ「人と人とのつながりが生まれたか」……だと、評価基準のところで書いたが、私たちが開催してきた講座や取り組みをもっと具体的に見ていただきながら、私たちが最も重要だと考えている「対話」という手法について書いていきたいと思う。

朝活サークル読書会でブックトーク

二〇〇九年頃には「朝活」というキーワードが世の注目を集めていた。たいていは午前七時台に都内で開催されている会が多かったようだ。柏まちなかカレッジでも流行に乗り遅れることなく「朝活」をやろう！という流れになった。都内に行かなくても柏駅周辺で充実した朝活が行われていれば、まちの活気にもつながるだろう……というくらいの気持ちで、まずは仲間内の活動として始めたのだった。

柏まちなかでの「朝活」は、参加者の一人が自分のお勧めの本を、ほかの参加者に紹介し、その内容についてみんなで話し合う。いわゆる

「ブックトーク」と呼ばれるスタイルであった。この形式であればこれまでに読んだ本を持ってくればいいので、紹介する人は新たに読むといった負担が少ない。参加者は早起きさえ頑張れば、新しい本を知ることができる。それだけでなく、ほかの参加者との話合いで考えが深まる、というお得な会だ。

毎週木曜日七時から十五分くらいが本の紹介で、それから質問や話合いの時間。七時半くらいから、仕事に向かう人が出る。たいていは八時くらいには解散する。一時間弱の活動だ。職場が都内でも遅めの出勤が可能な人も参加している。

参加者は、柏まちなかカレッジのメンバー福島さん、編集長の山田さん、徳永さん、私の四人から始まった。冬場は参加者が減ることもあり、開始当初は三人以下になったら「流会」にしようと決めていた。春になってくると、新しいことを始めたいという気持からか、ラジオ英会話と同じように参加者が増えてくる。

この読書会、ブログに毎回の記録を載せているうちに、少しずつ参加希望の連絡が来るようになった。新メンバーが増える一方で、この会に参加したことで、就職が決まったり、起業を果たしたりしたメンバーも

毎週木曜日の朝7時から集まり、おススメの本を紹介し合う

出てきたし、出産したりして、活動をお休みする仲間たちも出ている。「この会に参加すると、幸せや仕事が得られるね」とよくメンバーと話しているのだが、よくよく考えると、朝早くからわざわざこうした会に参加するというのは、もともと勤勉な人物であったのだから、当然のことだったのだと今は思っている。ちなみに、元メンバーが、赤ちゃんをつれて、ふらっと立ち寄ってくれた時には感慨深いものがあった。

最初、会場についてはメンバーの事務所を使わせてもらっていたが、負担を考えしばらくして近くの飲食店に変更し、今ではファミリーレストランに落ち着いている。

地味であるが、毎週続けることで、学び合う文化が着実に根付いていると感じている。なおこの読書会は市民活動フェスタで古本市に出店をする軒先ブックマーケット「本まっち柏」にも大きく関わってくることとなる。

焚き火ダイアログ合宿

柏まちなかカレッジが本格的に活動し始めて一年が経ったころ、「夏合宿を開催しよう」という提案がどこかともなく出てきた。そこで、二〇一〇年八月二十八日（土）～二十九日（日）千葉県勝浦市にて、柏まちなかカレッジ有志による「焚き火ダイアログ」合宿を開催した。

なぜ「焚き火ダイアログ」という名前の合宿になったのか。

一つは「柏まちカレでキャンプファイヤーをやりたい」と私が言ったことがきっかけである。サークルの合宿で最後にキャンプファイヤーを囲み、つらかった合宿の振り返りや引退する先輩からのメッセージに、みんなで涙した経験のある方も多いのではないか、私もそんな一人で、そのことを皆に話したところ、話がとんとん拍子に進んでいったのであった。

次に、ダイアログについてだが「ダイアログ（dialogue）」とは、対話という意味である。柏まちカレでは、いままでも対話を重視してきた。

それまで月に二〜五回ほど二時間程度の柏まちカレッジ企画運営会議を開いてきたが、この合宿は普段の会議とは違ったテーマ、特に「生き方や社会・自然について」語り合う機会にしたいと考え「ダイアログ」という言葉を使ったのだった。火を囲んでのダイアログは太古から続く、人間の根源的な営みを感じるような気持になった。

「焚き火ダイアログ合宿」は将来的には柏まちカレの恒例行事になるかもしれないという予感もあり、メンバー以外の方も口伝えで募り、たくさん参加してもらった。

私たちは、当日までの間にネイチャーキャンプの事例をチェックし、対話のワークショップを盛り込むなど計画を立ててのぞんだ。その甲斐もあってか、合宿では夜がふけていくほどに話が深まっていった。

周囲は星空と海と砂浜、そして火……。仕事のこと、家族のこと、人生のこと、将来のこと……。話し始めるとあっという間に時間は過ぎていった。

「自然と一体になった感覚を味わった」というのが、参加したメンバー共通の感想だ。

人類が火を使い始め、文明を開化させて生活は便利になっていった。

対話の究極の形を追求し、火を囲んで夜通し語り合う

そんな便利さの中、忙しさに追われ、忘れてしまったものがあるのではないか。そんなことに気づくことができた時間だった。

この「焚き火ダイアログ」は一泊二日（実際には二十時間ほど）だったが、日常を振り返る貴重な合宿になった。残念だったのは、一番張り切っていた福島さんが、当日ギックリ腰で参加できなかったことだろうか……（笑）

当初の予感通り、現在この「焚き火ダイアログ」は柏まちなかカレッジの恒例行事となっている。翌年、市原の古民家を借りて開催した時には、「ずっと、柏まちカレに参加したかった」と、遠方から参加してくれた人もいた。二〇一三年度も第三回目の焚き火ダイアログを企画中である。

「哲学への権利——国際哲学コレージュの軌跡」

上映・対話会

二〇一一年七月二日（十四時～十七時）、東葛飾高校にて、映画『哲学への権利』の上映・対話会を開催した。

この会は、大学との連携講座や社会人による講演などを行っている東葛飾高校の「東葛リベラルアーツ講座」と連携した企画で、高校生十数名と一般市民ら約二十名が参加した。

私が『哲学への権利』(勁草書房)というDVD付きの本を読み、アマゾンに書評を書いたことがきっかけで、著者・監督の西山雄二氏(首都大学東京准教授、国際哲学コレージュ・プログラムディレクター)と接点が生まれ実現した講座であった。

私たち柏まちなかカレッジは、「哲学カフェ」のような活動を参考にしてきた。そんな中で辿り着いたのが、ジャック・デリダらによって創設された仏研究教育の市民団体「国際哲学コレージュ」だった。柏まちなかカレッジは、国際哲学コレージュと共通する部分も多く、理念から組織の抱える具体的な問題まで参考になることばかりだった。

私が『哲学への権利』を読み、ドキュメンタリーを観たのは二〇一一年の二月。その数週間後の三月十一日に、東日本大震災が起こったのだった。

震災から三、四ヶ月後の七月に開催したこの上映会を契機に、私たちの活動はより「対話」と「思索」を深める講座企画が増えるようになっ

「哲学への権利―国際哲学コレージュの軌跡」の西山雄二監督をお招きし、上映・対話会

たと感じている。

映画『哲学への権利――国際哲学コレージュの軌跡』（八十四分）の上映会の後、休憩をはさみ、この映画の監督である西山氏と東葛飾高校生徒との討論会を行った。

西山氏は高校生に向けてわかりやすく、フランスの大学受験やフランスと日本の大学についての違いなどの話をして下さった。フランスでは高校三年生になると週に八時間「哲学」の授業があるそうだ。その授業はテキストにもとづいて、対話形式で行われる。大学入試には初日に四時間の論文試験があり、歴史や文学に比べて、配点が高いとのことだった。フランスでは「哲学」は重要な科目と位置付けられており、学生は徹底的に考えることを要求されているのである。

討論のテーマとしては、映画の中から『「無償性」と「場所」について』という問いが会場に投げられた。この問いから拡がる哲学の世界に、高校生も大人も真剣になっていった。高校生からの質問は素直なものだったし、大人たちは自らの経験をもとに真摯にこの問いに向き合っていたように思う。

今回の討論会では、「自由に考える機会」を得られたわけだが、これは当たり前のものではないということにも気づかされた。ここから先は、考えてはいけないという領域が設けられている社会もある。東日本大震災から四ヶ月後ということもあり、特に、「自由に考えることが許される社会」そういった社会を守っていくことの大切さを感じた。

この上映・討論会は、哲学を専門とする世界各国の大学で開催されてきた。今回私たち「まちカレ」の会には、地域の人から高校生まで幅広い層が参加している。会を終えた西山氏に、「本来は、こういう形で開催したかったのだ」との言葉をいただいたときは本当に嬉しかった。

マリ大使にまちカレを提案

ある日のこと「ブログを見ました」と、JICA（独立行政法人国際協力機構）に勤めている方から連絡があった。柏まちなかカレッジの実践や教育について、話が聞きたいとのことで、早速柏にお越し頂き、私たちの活動についてお話をした。

その中で、JICAがアフリカで取り組んでいる住民参加の学校運営の話について伺うことができたのでここで紹介をしたい。

アフリカの人口は全体で約九億人。(世界の約七分の一)。現在、都市部を中心に急激な勢いで人口が増えているという。しかし、飢饉・紛争・貧困・病気などの理由により、学校へ行けない子どもが多いのが現状で、地下資源のみならず、教育による人材開発が今後の課題であるという。

「援助は物資ばかりではない。大切なのは、社会づくりである。そのためには、社会の自治性を高める必要がある」といったJICA理事長・緒方貞子氏のお話は印象的だった。

アフリカに対し、世界は援助を行ってきたがその援助のあり方が今、転機を迎えている。例えば、給水塔を建てればそれを管理する組合をつくる。つまり、組合というものをつくることで、地域の人々が意識を持ち、自分たちの力で何かやろうという気持ちになってもらうのである。地域に必要なことを、地域の人たち自身が考えて、実行していく仕組みを作るということだ。支援する側の考えではなく、そこに住む人の側に立った支援を模索している。このように考えると、日本のコミュニティ自治にも共通したテーマと言えるだろう。

各国の支援によりアフリカでの学校建設は進められ、ハード面は充実してきている。しかし、教員の質や親の意識は低いままの地域が多い。学習内容が地域のニーズにあっていなければ、仕事を休んでまで学校に通う意味を見出せない。教育のソフト面の充実と親の意識改革。そして、海外からの支援が打ち切られても、地域で自立的に学校を管理・運営できることも必要だ。このような背景から「みんなの学校プロジェクト」が、ニジェール政府の政策と連動してスタートしたのである。このプロジェクトは、住民が学校運営に参加することで教育への意識を高めていこうというものであり、マリやブルキナファソといった周辺の国々でも、「みんなの学校プロジェクト」の実践が広まっている。

　学校に行けない子どもの問題は「自らの潜在能力を伸ばし、夢を実現し、教育を通じてよりよい将来を築く機会を奪われている」という観点で考えると、日本の不登校児童・生徒も同じである。環境の違う、遠い国の事例のほうが、問題の本質が見えやすい時もある。アフリカでの、住民参加の学校運営の事例は、日本の学校にも参考になるだろう。

　もともと私は、「日本の教育を世界に発信する」ために大学院に進学した。授業記録や、教員同士の学び合い。そういった綿々と伝わる日本の教育実践を世界に紹介し、普及させたいという思いがあったのだ。

その後、JICAの勉強会で柏まちなかカレッジの事例を報告する、という機会を得た。これをきっかけに、「柏まちなかカレッジの学び合い」をアフリカに提案しよう。一市民に過ぎない私でも、遠く離れたアフリカの教育に、貢献することができるかもしれない！　という気持ちになった。JICAの勉強会で話を聞いて下さった方に、それはいいアイデアだと言っていただけたこともあり、早速私は、ニジェール、ブルキナファソ、マリの大使館に連絡をした。英語で趣旨を説明したり、書類を提出したり、時間はかかったが三ヶ月ほどのやり取りを経て、マリの大使にお会いすることができた。今振り返ると、すごい行動力だった。

まちなかカレッジ編集長の山田さんと二人、五反田の大使館に向かった。女性大使と聞いていたので、日本の髪飾りとムーラムーラさんに作ってもらったアフリカテイストの花束を持参した。お会いしてまず体の大きさとアクセサリーの華やかさに圧倒された。お話に教養がにじみ出ているように感じる大きな人だった。

さて、この会談だが、結論から言うと、まちなかカレッジの提案よりも、まずは学校校舎を建てることを優先したいとのことだった。「マリ

マリ大使（左から二人目）を訪問。山田編集長と

には、山を越えて学校まで通っている子どもたちがいる。校舎建設が私の使命だ」「あなた方の気持ちはわかった。マリと柏との文化的な交流には協力したい」そういう言葉を頂いた。柏に帰って、ムーラムーラさんに報告しながら、「柏にも、マリ音楽を演奏するバンドもあるから、何かイベントできると面白いね」などと話をしながら、私は心地よい疲れと満足感を感じていた。日本にある世界各国の大使館に連絡し、もっと提案していけばどこかで採用してもらえるかもしれない。そんな手応えもあったが、結局は勢いに行動がともなわず、またいつもの日常に戻ってしまった。

いまは「いつかアフリカでまちカレの仕組みを実現させられるように」そういう思いで、日々の活動に取り組んでいる。

手賀シティ

架空の都市をつくってしまおう

柏には、カルチャー講座やセミナーに使える貸会議室「柏コミュニティカレッジ」がある。コミュニティカレッジは、まちなかの文化活動の拠点となっており、毎月柏の人を先生に立て、話を聴く「柏経営ゼミナール」が二十年間続いている。代表の芦川哲男さんには、「柏まちなかカレッジ」の活動にご理解いただき、いつも励ましの言葉を頂いている。もちろん、まちなかカレッジにも参加してもらっている。

そんな芦川さんに、柏には三十年ほど前からすでに、まちなかカレッジ的な活動があったのだと教えて頂いた。「オモシロ倶楽部」といって、会場となった料亭に地域の面白い人を呼び、話し合いに花が咲いていたそうだ。市長を呼び、政策について問い詰めたこともあったという。年配の方に柏まちなかカレッジの説明をすると、同じように「オモシロ倶楽部」の話を教えてもらうことが何度かあった。

そんな「オモシロ倶楽部」に参加していた先輩方と話している中で、「新しい都市をつくってしまおう」という大きなアイディアが生まれた。

その名も「手賀シティ構想」。

手賀沼は地域の宝、この宝である手賀沼に隣接する柏市、我孫子市、印西市さらにこの文化圏に含まれる地域で、自然環境や文化を継承していくための共同体（手賀シティ）をつくろう。というものだった。この「オモシロイ」構想は、何度か話し合いを重ね、映画の上映会や演奏会、勉強会などを続けていたが、あまりにもアイディアが大きいものだったため、いつの間にか理念的なものとなっていった。

最初の話し合いから三年ほど経ったころ、芦川さんから、連絡を頂いた。

「手賀シティ構想が動き出すので、柏まちなかカレッジのアイディアを生かして欲しい」　そう！　芦川さんはずっと手賀シティ構想を温めていたのだった。

練り上げられた構想は、以下のようなものだった。

手賀シティとは

都心から北東に三十キロメートルの緑と水に恵まれた近郊都市。柏市・我孫子市・印西市からなる、手賀沼を中心とした約五十万人の地域。活力ある生活者を、IT技術を駆使することで、側面から支援する成熟都市を目指します。

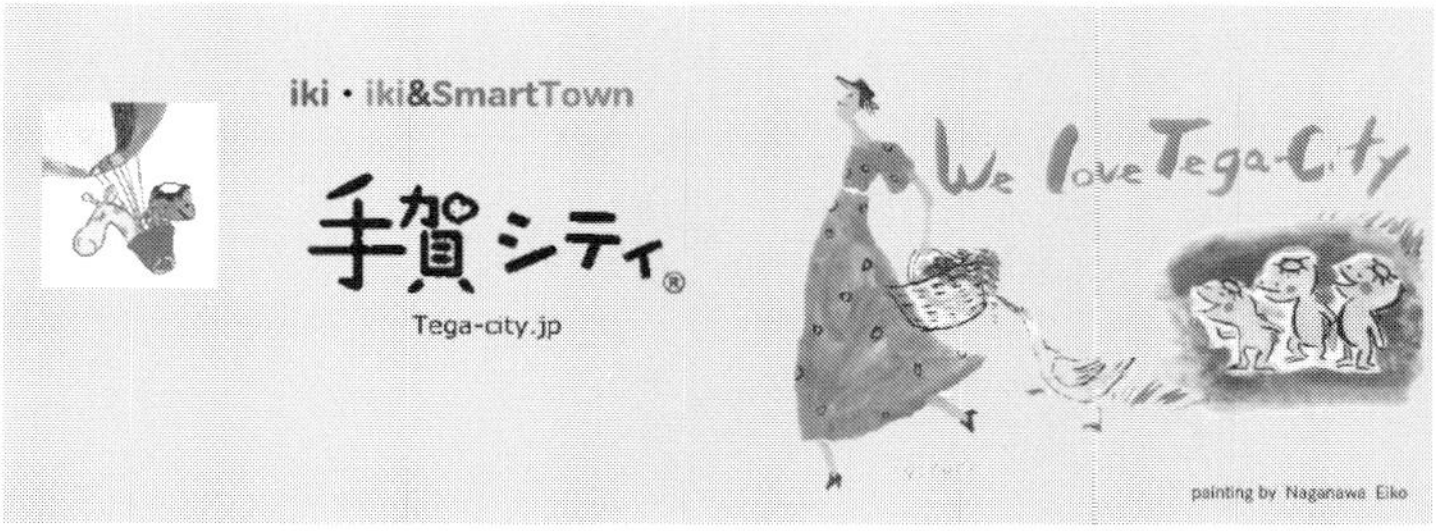

柏市在住の画家・長縄えい子さんが描かれました

背景

少子高齢化をむかえ熟年世代と、子育て世代を対象。

内容

1. 環境-手賀沼環境（自然、汚染、放射能問題など）
2. 健康-介護予防、予防医学、食と農の地産地消
3. 防災-耐震、地域と家庭での防災計画
4. 起業・地域経済活性化-高齢者移送・買い物支援、エネルギー革命、情報、IT、物流、六次産業化、空き店舗対策、地域事業者のグループ化

この構想の肝となるのが、プリペイドの大手ポイントカードと連携した手賀シティ市民登録と地域通貨制度だった。プリペイドカードが手賀シティ市民カードとなり、それを地域通貨として活用できる。地域住民の生活と密接に関わる部分を入り口とし、地域経済に働きかけていく。

柏まちなかカレッジは、以下の三点で関わりたいと提案した。

◆**議会の運営**

議会をフューチャーセンターとし、そのプロデュースを行う。

◆**地域通貨政策**

地域通貨の研究の成果として、地域通貨の勉強会を開催する。手賀シティの日本銀行的役割。

◆**教育政策**

自治体の学校にはできないオルタナティブな教育も推進したい。

手賀シティ構想には、ゼロからつくる面白さがある。

柏まちなかカレッジの住所は話合いの結果、手賀シティ柏まちなか一番地とすることに決定した。これまで会場として協力して頂いた場所を、柏まちなか二番地、柏まちなか三番地……とし、手賀シティの住所を定めていく。その度にメンバー共にワクワクする思いを味わった。

「手賀シティ構想」は、今ある自治体を批判しているのではない。今の自治体を補完するような役割を果たすのだ。

人口減少時代における自治体の役割は、これまでとは変わってくるに違いない。これからは地域住民が話し合い、地域課題を解決していく仕組みというものが、重要になってくるだろう。

手賀沼周辺の自治体を横断したこの「手賀シティ構想」は、これからの広域行政連携の先駆けになると確信している。私たち柏まちなかカレッジは、移送サービスや宅配など、高齢化社会における社会課題を解決する事業を企業と連携しながら、地域通貨を活用し、ボランティアやNPOが活動できるような仕組みづくりを目指している。

波乱万丈の「デンマークの友人と教育を語る会」

私の大学院の後輩に、佐藤裕紀くんという人がいる。通称ひろぽん。「熱い」を通り越して、暑苦しいくらいに情熱あふれる男だ。ゼミの発表では、話が論理的でないと先輩方から助言をうけがならも、論理に縛られない自分自身を好きでいる。そんなひろぽんと私は気があった。

彼は、デンマークの教育を研究している。一ヶ月ほど、デンマークのフォルケホイスコーレ（生涯学習のカレッジ）で学び、その経験を研究まで高めていった。ゼミの初回で、「デンマークは九時五時ライフなんです！」と叫んでいたのが懐かしい。デンマークは、飲食店やスーパーも含め五時を過ぎると店を閉めるということに（つまり、デンマーク人は五時以降の仕事をしないということに）驚きを覚えたという。彼はその後も人生の紆余曲折を経ながら、研究を続けている。

そんなひろぽんから、二〇一一年二月中ごろ、ミクシィに興味深い書き込みがあった。

デンマーク人男性二人 二月二十八日着。三月十四日発の飛行機で帰ります。

Aさん：二十二歳保育士また教師のアシスタント小学校一年生の担

当（アシスタント小学校はデンマークの教育の特徴である就学前教室のこと、たぶん）

Bさん：二十五歳、大学生、スポーツ健康分野と歴史専攻

二人とも趣味は live role play（森の中でのヴァイキングのようなものらしい）だそうです。あとは日本の教育システムやらにも関心があるそうです。

三月六日から九日までは京都観光で、あとはまだ決まっていないようです。

帰国する前は我が家ホームステイな気もするが、京都にいく前後、都内付近の方、ご関心ある方がいらっしゃれば、連絡ください。デンマークの保育や教育やらについても聞ける機会だと思います。

私は、書き込みに対して「柏まちなかカレッジで、座談会というのは？」と、コメントを入れた。

その後デンマークからの二人（ピーターさん、ラスムスさん）や、彼らを日本に招いた方と調整して講座の企画を立てた。予定表にない講座を開催できるのは、柏まちなかカレッジの柔軟な時間割のお陰である。

デンマークからのお二人に柏に来てもらうのは、三月十日。正式に話

がまとまってから準備をする時間は、十日ほどしかない。会場を押さえ、柏まちなかカレッジのメンバーや興味を持ってもらえそうな団体のメーリングリストにお知らせをした。

ところが講座の前日、私は腸閉塞のため救急車で病院に運ばれ、入院してしまったのだった。参加を予定していたまちカレメンバーに受付や撮影をお願いし、進行はひろぽんに任せた。急に開催することになった講座だったので、参加予約はとっていない。一体何人来るか読めない上に、デンマーク人二人は日本語が話せない。英語が苦手なひろぽんは不安がっていたが、彼を信頼している私は、「進行役の予定だった山下が入院してしまい、通訳はできませんがみんなで力を合わせて対話していきましょう」そう言って進めるようにお願いした。（私だって、通訳が出来たかどうかは、わからないのだが……）。

急遽（それも平日の夜に）開講された講座にもかかわらず、各地から熱心な参加者が集まった。遠くは岐阜から参加してくださった方もいらっしゃった。参加者は三十五名。会場はいっぱいになった。

日本の教育へのヒントを持ち帰ろうという熱気に溢れた中で、オープンな議論ができたようだ。英語でのやりとりで、討論も一筋縄ではな

様々なアクシデントを吹き飛ばすくらいの熱気で、教育について語り合う。震災の前日に開催した

かったが、参加者の一人である東葛飾高校PTAの井上さんが通訳の補助してくださったり、参加者同士で分からない部分を補いあったりしていた。全部英語だと疲れるので、時折日本語も交ぜながら、リラックスした雰囲気をつくることが出来たと聞いている。参加者からは「学び合いの一体感・達成感も強く感じられた」という声や、「現在の教育に変化を起こす一つのきっかけやヒントが得られた」という感想を頂いた。ピーターさん、ラスムスさんも、終了後の飲み会を含め、外の世界から自国を顧みる良い機会となったと話してくださった。

ひろぽんにはその後も、地域通貨研究会やデンマークの生涯学習、冒険の森などの講座を受け持ってもらっている。

ブータンの教育を語る会

バックパッカー界のボスも参加

私が学校を辞め、大学院の博士課程に進んだ時の同期に、平山雄大(たけひろ)さんという人がいる。見た目「優等生」な彼は、実は誰よりもアクティブな男だ。彼はカンボジアの研究をしているが、研究だけではなくJICA関係やプライベートでも、東南アジアを飛び回っている。きめ細やかな情報収集と旅の経験に裏付けられた話は、私の心をひきつけた。その後、なにかの時に平山さんが、カンボジアからブータンに研究のフィールドを移そうとしているという噂を耳にした。以前から私は、平山さんとブータンについて語り合っていたこともあり、これは夢のある研究になりそうだ！　と期待に胸が膨らんだ。

二〇一一年の東日本大震災のあと、ブータンは日本に祈りを捧げ、二〇一二年にはブータン国王夫妻が来日。日本に「幸せの国」ブータンブームが到来したのだった。柏まちなかカレッジでも、ブータンについて語り合う会を開く時期だと感じ、さっそく平山さんに来て頂いた。

参加者は五名。会社帰りの女性、大学院でブータンの政策を研究している大澤さん、ブータンに住まれていた男性、そしてJAPAN BACKPACERS LINKS代表の向井さん。この向井通浩さんは、バックパッカー界のボス的存在。「幸せな国といった金太郎飴的なイメージでないブータンを知りたい」と積極的に質問を繰り広げた。

話は外交問題、民族紛争、公用語、国内交通網、交通事情、車所有者状況、所得格差、若者の生活、密入国体験者の話など、とどまることなく広がっていく。先生の平山さんだけでなく、在住経験の受講生や大学院の研究者による補足なども加わり、白熱していった。

ＧＨＰ（国民総幸福量）に至る背景についての説明では、「GHP」はもともと開発論の指標として考案されたという話だった。大国にはさまれた国家の生きる道だったのだろう。私たちが憧れる幸福観のような価値観の教育や政策は、これから試されていくに違いない。

向井さんは話し合われた内容を、八万人以上いるご自身のツイッターのフォロワーに、連続で発信した。「このようなセミナーに出て、満足したことはないが、今日は充実した話合いだった」というコメントもあり、バックパッカーの世界に柏まちなかカレッジの情報が発信されていくという意外な展開となった。

この講座後、向井さんには石巻でのドキュメンタリー映画「缶闘記」（日本財団写真・動画コンクール授賞 ショートドキュメンタリー部門最優秀賞）の岸田浩和監督を紹介して頂き、上映・対話会を開催することとなった。大澤さんとも、教育関係のネットワークで、活動を共にするきっかけとなった。

「幸福の国ブータン」といった金太郎飴的なイメージではないブータンを知りたい

まちの見え方が変わった

柏まちなかドアノブマニア

柏市には、「アートラインかしわ」というイベントがある。これは、東京藝術大学のある上野駅と取手駅を結ぶJR常磐線沿線をアートラインと見立て、沿線地域のイメージアップをはかるイベントで、二〇一二年には五回目を迎えた。今では、秋葉原からのつくばエクスプレス沿線も加え、東東京一体で連携した取り組みとなっている。

「アートラインかしわ」は「まちで出くわす」アートに驚き、遊び、共鳴しあいながら、日常の何気ない風景に注目するきっかけを得て、今まで気がつかなかった魅力を発見する「まちの宝探し」である。二〇一二年は三十六のイベントや展示が、市内各所で開かれた。

その「アートラインかしわ」で知り合った画家に、フジフジ（藤田駿広）君がいる。彼は少しぽっちゃりした体型に、知的なメガネ、そして飄々とした雰囲気をまとった不思議な人だ。茨城県大子町出身で、柏在住、都内の会社に勤めている。仕事の内容は「ドアの設計」そして、なによりもすごいのが強烈な「ドアマニア」であること。以前から、彼にはまちの何気ない風景を切り取るユーモアがあると感じていたのだが、「ドア」をここまで愛せる人はいないのではないか！　と思ってしまった。いてもたってもいられなくなった私は「そのドアのマニアックな話を、柏まちカレで紹介してよ」とお願いし「実際にまちなかのドアを見て歩く」という講座を企画した。単純な内容ではあるが、勉強は学校の教室だけではなく、まちなかでも学べる。そして、何気ない身近なものを素材にして考えを深める、「まちなかカレッジ」にぴったりだった。アートをまちなかで味わう講座であれば、アートラインかしわの趣旨にも合うと感じ、連携事業として開催することになった。

「これが、フロアヒンジで……」とドアの素材を説明されることはそう無いだろう。普段なら通りすぎるだけの、まちなかのドアノブについて説明を聞き、参加者全員でドアノブの価格を勝手に予測する。フジフジ先生は、大体の価格を知っているのですぐに答えを教えてくれるのだが、こうして他人の家やビルのドアノブの価格を考えることは、まず無いので面白くてならなかった（笑）。

受講生は、ドアノブを見つける度に質問していく。

「このドアノブは長くないですか?」

「なぜだと思いますか?」

このやり取りでは、先生は即答せず、その対象を観察させ、考えさせる。頑丈に作らなければならないドア、女性や子どもが多く使うドア、騒音を発する部屋につけるドア、手垢から想像される使用のされ方、建物の価格などなど……、観察から答えを導き出す方法だ。

以前私はこの手法をオランダの小学校でも見たことがあった。わからないことを先生に質問すると、先生はすぐに答えを教えずに、観察するように促す。たとえば、クモについての学習では、「どうやってクモの巣を作るの?」と生徒が聞くと、先生は「クモに聞いてごらん」と答える。これは、「物事それ自身に問いかけるという原則」に基づいた教育方法である。

ドアノブの会では、モロッコの短刀を特注して、ドアノブに使っているお宅も訪問した。ドアノブに盛り上がる(妙な?)集団が訪れ、家主さんが驚かれていたのは言うまでもない。

「日常」、「当たり前の風景」を見直す機会となった。どの建物も愛されて作られているんだ……そんな気づきが得られた会だった。

まちなかのドアノブを見ながら、説明を受けた

カラスが示すまちの課題

柏まちなかカレッジでは、活動を続けてきた成果か、面白い講座の企画が持ち込まれるようになってきた。

ある時、フェイスブックに柴田佳秀さんから連絡を頂きお会いすることになった。柴田さんは科学ジャーナリストで動物、特に鳥や昆虫（最近は鉄道にも）のことに詳しく、最近はお子さんの卒園した幼稚園で、鳥や虫の話をする活動もされている。子どもたちとダチョウの卵を食べた話では、卵嫌いの子らも卵が食べられるようになったと嬉しそうに語っておられた。柴田さんと私の共通の話題は「剣道」で、お会いする度にこの話題で盛り上がってしまう。千葉ロッテと柏を心から愛しているのが伝わってくる方である。

実はこの柴田さん、以前はテレビ番組で制作ディレクターをされていた方。その時の番組で視聴者からの疑問に答えるコーナーがあり、カラスについて調べることになったという。二十年ほど前には、カラスの研究はほとんど行われていなかったので、自ら観察し調べたというから驚きだ。ゴミをあらしたりする行為や、その黒々として大きな姿から「怖い」などマイナスのイメージが強いカラスだが、「カラスは面白いよ」と柴田さんは語る。身近な鳥で、それなのに実はあまり知らないカラス。それでは、その面白さを柏まちなかカレッジで紹介してもらおう！　ということになった。

講座は、話とバードウォッチングに分けて開催された。タイトルは

一、「カラスがミタ街」、

二、「鳥博士とまちなかバードウォッチング」

ディレクター時代の経験から、タイトルや内容について、しっかりと練りこんで企画された講座だった。

まちにいる鳥からまちが見えてくる。カラスの寝床と巣からまちの自然を考える。カラスの好物からゴミの問題を考える。カラスを通して考えられることはたくさんあった。なによりも話をしながら、カラスへの対策より、人間のゴミ出しのマナーを改善するほうが難しいのではないか？　という意見まででてきた。カラスより人間……とは、皮肉な話だ。「カラスは賢いというが、賢いとはどういう意味か？」

「人間は賢いのか？」先生は参加者に、哲学的な問いも投げかけられた

『人間と同じようなことが出来るという意味で「賢い」を使われているのであれば、果たして人間は賢いのか？』

柴田さんは、問いかける。

問いかけることで繋がる、考える。この会は、カラスという身近なものから、まちの課題発見する機会となっただろう。

SECOM

日本亭
柏千代田店 ☎67-0151
ラーメンヤブキ
ARE YOU HUNGRY
ラーメンヤブキ

OSH KOSH
B'GOSH

4 柏まちなかカレッジの仲間たち

エッジハウス社長沖原さんと、YOL CAFE FLOSH の常連たち。

ここからは、柏まちなかカレッジに場所を提供し、共に柏まちなかカレッジをもりあげてくれる人たちを「場所」という視点から紹介していきたい。

どんぐり地球センター

自宅公民館化が進む

柏まちなかカレッジの活動を始めて三年が経ったころ、地域の方々の意識が明らかに変わった！ と感じたことがある。

「自分の家の一室を開放して、交流サロンやギャラリーとして使ってもらいたい」という声が地域から自然にあがってくるようになったのだ。

柏まちなかカレッジ副学長の福島さんもその一人。自宅マンションの一室を、対話のワークショップができるスペースに改造した。

「電子黒板を入れたよ。学校や業者以外で購入したのは、私が初めてだって。笑！」

と言った福島さんの顔はわすれられない。

その部屋は「どんぐり地球センター（略してDEC）」と名付けられた。現在は、福島さんの主宰する勉強会や柏まちなかカレッジの講座、地域の方々のミーティングに活用されている。

スーパー経営の傍ら、ギタリストでもある石戸さんは、スーパーのギタリストということで、「スーパーギタリスト」と自称し、笑いを取っている。石戸さんは若手を応援しているだけでなく、被災地の復興支援や除染活動など自らも積極的に地域で活動をされている。そんな石戸さん、「思いっきり音楽ができるスタジオ」を作りたいと思い、郊外に作ってしまった。しかもそのスタジオ「思いっきり音楽ができる」に留まらず遠くからでも、柏に演奏に来てもらえるようにと、宿泊もできるのである。現在スタ

自宅をセミナー室に。どんぐり地球センター

ジオには、音楽好きの仲間が集まってきては、演奏で交流している。ちなみに、お父様の石戸孝行さんも、昭和四十八年に柏の駅前に小さなホールを作った。食や環境をテーマに活動されており、今でも柏の文化を引っ張る存在だ。

同じように、参加者のMさんもアパートの一室を、「夢を咲かせる」「楽しみあう」「学びあう」「十全に生きる」がコンセプトのYUMESAKA@柏として開放。柏まちなかカレッジの講座を開催してから、自らも「昔の種」を学ぶサークル活動を広げている。

柏のライブハウスで演奏する石戸さん

NOB
柏で一番カッコイイ空間

建築家の細田真一さんは、自分の事務所改装を機に事務所を、交流サロンとして公に開放した。

「こんなにカッコいい場所は、この柏にないと思う。柏の文化を引っ張っていこうという人たちが集まってもらえたら嬉しい」

と言われるとおり、事務所は細田さんのこだわりがつまったカッコイイ場所だった。

「僕の自己満足だけではなく、まちに一つの機能を提供したいんです」

と、まちを活性化させたいという強い思いに、開放しているのは、部屋という空間だけではないこと。細田さんは経験や知識を開放し、人とのつながりを生み出していることを感じた。

この細田さんは、自分が管理するビルの一室をR2というギャラリーにし、同時代の表現者の作品を紹介している。現在そこにはデザイナーの山下和宏さんが住み、仕事をしながら、ギャラリーとしても利用されている。

さらに、持ちビルのワンフロアを、まちなかカレッジのアイディアで、日本にないようなクリエイティブな会議室にしたいという話になった。地域の雇用を創出する仕組みとなるコ・ワーキングオフィス、課題解決を支援するサービス、創造性を引き出す空間を企画した。その施設の名は、「Noblesse Oblige（ノブレス・オブリージュ・通称 NOB）」意味は、身分に伴う義務。「まちのために一肌脱ぐ」のは、意識ある人間の務めであるという思いから名付けられた。副学長の福島さんと、後で紹介するエッジハウスの油原さんと運営会議を結成している。

ビルのテナントの満足度やビルの不動産価値を高めるとともに、まちの文化機能を創出する。人口の減少で自治体の税収も減り、縮小の時代において、細田さんとまちカレの取り組みは民間・個人による公共施設の設立のモデルとして注目を集めることになりそうだと、皆楽しみにしている。

Casa
ソトコト
pen
BIOCITY

カフェ・マ
仲間たちの集うサロン

柏まちなかカレッジ誕生のきっかけとなったのは、市民活動講座だったと先に書いたが、私は「カフェ・マ」でその時に話す内容や資料の整理していた。

店主の磯野晃一さんと
「何かあるんですか？」

「近くの市民活動センターで、これから市民活動を始めようと考えている人たちに、これまでにない市民大学の構想を話してくるんですよ」

「頑張って下さい、それ絶対成功させましょう」

そんな会話を交わしたことを今も覚えている。

この「カフェ・マ」は、二〇〇九年二月に開店。路地を入ったところにあるため、開店した当時は、知るひとのみ知るといった隠れ家的なお店だった。

磯野店主は、私より少し年上で、目に力がある。「夢と希望を持っているぞ〜」といった空気をまとっていると、私は思っている。いつも、お客さんの仕事や活動を応援し、勇気付けてくれる。そういう磯野店主の人柄や店の雰囲気から、若者や感性豊かな人々が集い、お客さん同士で打ち解けあっている。「柏まちなかカレッジ」でお世話になる前から、ここはまちのサロンのようであった。

たわいのない話から、人生、デザインや音楽、民藝や椅子、まちづくり、政治経済まで、話が広がっていく。

柏まちなかカレッジでの最初の講座はこの「カフェ・マ」で行われた。

磯野さんの「一番最初の講座をやりましょう」その言葉に後押しされ、企画したのが、「民藝 meets モダン（柳宗悦〜イームズ）」だ。

カフェ・マは、手賀沼のほとりで暮らした柳宗悦の提唱した民藝という考えをコンセプトにしている。民藝とは、日常的な暮らしの中で使われてきた手仕事の日用品の中に「用の美」を見出す考え方である。

店内にある、柳宗理（宗悦の息子）やイームズらのモダンデザインの椅子や食器など、実物を見せながら、民藝とモダンデザインとのつながりを磯野さんは語ってくれた。「用の美」を追求する柳宗理やイームズのデザインと民藝の精神。

無名の人たちの作品に光を当てた民藝。柏の一般の方々の考えや経験を講座にする柏まちなかカレッジ。まさに、民藝 meets まちカレとも言える記念すべき第一回目の講座だった。

さまざまな年齢、職業、異なるバックグラウンドの方が集まり、話し合いに花が咲いた。「自分のライフスタイルにも反映させたい内容で、世界が広がったと実感している」とある受講生は感想を残してくれた。「人と人との出会いに、複合的な美を感じることができた」と建築科の学生は表現した。「このカフェ・マが、我孫子で白樺派の人たちが集まった三樹荘のようであった」と言って、民藝に詳しい受講生は満足げに帰っていった。三樹荘とは、武者小路実篤、志賀直哉、バーナード・リーチら白樺派メンバーが集った柳宗悦の家のことである。

現在、磯野店主は、柏のソウルフードであるボンベイ・カレーの店主として、注目を集めている。

「柏は、私たちで盛り上げていかないとダメですよね」

いまでもそうお客さんに語り、柏を自分たちの力で盛り上げていこうという文化を育てている人だ。

柏のソウルフードであるボンベイ・カレー／撮影 末吉操

66

66（ダブルシックス）

店主の理解と包容力

66（ダブルシックス）は、柏のひっそりとした路地にある本格ハンバーガーショップ。

一九六六年生まれのヒデ（大嶋秀昭さん）が始めたお店で、まるでアメリカをバイクで横断している男が、ふと立ち寄ったお店……のような、映画に出てきそうな空間だ。

ヒデさんは、物腰が柔らかく、包容力のある人物だ。かといって「丸くなっている」という訳ではない。「まだまだ丸くはならないぞ！」と若さも併せ持つ人なのだ。いわゆる「脱サラ」をしてお店を始めた。脱サラ前は大手商社に勤めていたと聞いている。お店にはアーティストや個性ある若者が慕い、独特の文化が育っている。

柏まちなかカレッジとの繋がりとしては、柏とマレーシアとをスカイプで中継し、世界三代奇祭の一つと言われる「タイプーサム」やマレーシアの暮らしをレポートする講座を担当してもらったことがある。66には音響やプロジェクターが整っているため、会場としても提供してくれた。

66も、早い段階から私たちの活動に理解を示して下さっていた大事な仲間だ。広報誌「まちカレ新聞」も快く置いてくださるだけでなく、「あそこの店もおいてくれるんじゃないか」とアイディアも出して頂いた。「自分も聴きたいが、店もあるので」と講座にアルバイトの人を派遣してくださることもあった。そのように理解のあるヒデさんのおかげで、アルバイトの人や常連のお客さんにも、柏まちなかカレッジが浸透していった。

共同アトリエｐｏｔ

一緒に柏の文化をつくりたい

私と出会った当時、河田蒼くんは、深い悩みから抜け出そうとしていた時期だった。

私たちは、アートについて、ファッションについて、創作活動について、人間関係について、地域での活動についてなどさまざまなことについて語りあった。

蒼くんは、柏まちなかカレッジを「格式高い、難しい活動」と勘違いしていたという。私が書きかけていた小説と、そのストーリーを現実に進めている私の活動を聞いて、

「それ、ヤバイっすね。今度、みせて下さいよ。てか、学長、頭イッてますね」

と大笑いされた。

「だって、学長っていうから偉い人かと思うじゃないっすか。まちカレって、教育者やまちのお偉方の集まりみたいな感じかと思ってたんですよ」

「やりたい人が集まってきた感じかな。だから、まちづくりの活動って言われるけど、最初から決められた目的を設けてないんだよ。教育の実験、組織つくり、仲間つくり、いろんな思いを持ってメンバーが、それぞれ活動してるの。だから、まちなかに学びの場が発生していったらいいなって思ってる」

「自由な感じなんですね。俺も、まちカレやりますよ」

そう言って、蒼くんは柏まちなかカレッジ企画運営会議に加わることになった。

蒼くんは、当時住宅を仲間とシェアして暮らしていた。彼自身もそうであるように、彼の仲間はアーティストが多い。そのつながりで柏まちカレの輪は広がっていった。レザークラフターのゾノこと奥苑くん。古本屋さんのカッチャンこと高橋くんと共同アトリエｐｏｔを構えていた。

カッチャンは、やせて背が高く、メガネが素敵な本好きの青年。ｐｏｔでSUNNY BOY BOOKSという古本屋を構えるだけでなく、カフェなどの本棚をプロデュースしたり、66の前やまちなかの青空市に出店したり、まちに本のある空間を演出している。一度、柏まちカレメンバーの所持する本を青空市

に並べて、メンバーの人柄を表現しようとSUNNY BOY BOOKSと共催で企画したが、残念ながら台風のため中止になってしまった。

ゾノは革細工やシルバーアクセサリーの職人である。顔の彫りが深く、まじめで几帳面な性格で、言葉を一つひとつ選んで語る姿にもその性格が表れているように思う。柏まちなかカレッジでは「レザークラフト入門」講座を開いた。受講生一人ひとりのために、皮・糸・針などの教材キットを準備し、講座中は受講生の製作を助けた。丁寧で、親切な指導はとても評判がよく、その話を聞いた柏美術学院院長の寺前さんから講師のオファーがきたほどだ。「柏まちなかカレッジが、登竜門のような存在になってきたね」と、寺前さんの話を聞いた知り合いは言ってくれた。このSUNNY BOY BOOKSは、二〇一三年六月に東横線学芸大学駅前に古本屋を開店。こだわりの本を並べ、イベントや展示、活版印刷も行っている。

moora moora

ゆっくり、ゆっくりと

柏まちなかカレッジ構想を立ち上げ、これから始めていこうとしていた二〇〇九年の秋。本開校前に、プレ開催として二ヶ月に二十講座を計画した。

いまでは、多くの方が場所を提供してくれるようになった柏まちなかカレッジであるが、プレ講座開講のときは、協力してくれる会場を探すのに苦労した。副学長の福島さんと二人で、飛び込みでお店に入っては、柏まちなかカレッジのビジョンを説明し、協力をお願いしていたが、ほとんどの場合断られた。

「人が集まれば宣伝になると思うけど、こんな企画で人集まるの？」「会場に使った場合のお店の使用料でしょ。あと、講座準備にかかる労力をお金に換算すると、けっこうな負担なんだよね」など厳しいことも言われた。いいことをやろうとするのは分かるけれども商売だから……ということもあった。ましてや、チェーン店となると「本社に確認してみないと、わかりません」と話を聞いてもらうこともできなかったりした。

そうして、私たちがお願いにまわっている途中、空きテナントを眺めている男女がいた。実はこの二人が、まだ何もない状態から夢を語り合うことになる協力者だった。

男性の名は宮井さん。坊主頭に黒縁のメガネ「カポエィラ」や「レゲエ」をやっていそうな雰囲気だ。女性は真野さんといい、長い髪を上に持ち上げて束ねたスタイル。失礼なことではあるがあの時私は、「きっと面白い人たちに違いない」と、思ったままに声をかけたのだった。

二人はご夫婦で、一年ほど一緒にアフリカ旅行に出ていたそうだ。ここで「moora moora」という花屋を開く予定だという。店名は、マダガスカル語で「ゆっくり、ゆっくり」という意味。

「私たちは、柏まちなかカレッジといって、まちを教室にまちの人に先生になってもらって、お互いで学び合う輪を作っていきたいと、準備しているところなんです」。勢いにまかせて説明する私に対して、二人はすぐに理解を示してくれ、お店が

できたら協力してもらえることになったのだった。
お店は二〇〇九年九月に開店し、その年の十二月には「クリスマストピアリー作り」講座を「moora moora」で開いた。参加者は、私たちの知り合いの、知り合いの、知り合い……まで広がっていた。ロコミで受講生を募集するため、参加者に広がりがないと批判も受けることもあったので、この講座で一つ自信がついたのを覚えている。
「これから、柏まちカレを成長させていきますよ！」と意気込むと、「まだ始まったばかりだし、焦らず、ゆっくりゆっくりやっていくといいよ」と言ってくれた。
浮き足立ちそうな自分を反省したのであった。

東葛飾高校

卒業式のサプライズ

「柏まちなかカレッジプレ講座」の開催のために場所を探していたとき、私たちを助けてくれたのは、私の母校でもある「東葛飾高校」であった。

副学長の福島さんが勤務していることもあり、校長・教頭・事務局長に話を通してもらったうえで、ご挨拶に伺った。校長先生は理解のある方だったことに加え、ご子息と私の年齢が同じと言うこともあり「柏まちなかカレッジ」の構想を大いに気に入って頂いた。あわせて、やはり教職員の方のなかにも協力者が欲しい……と考え高校教諭だった経験から、社会科と体育科の教諭は、押さえるべきところだと考えた。幸いなことに、私の教育実習指導教諭である坂井先生や、お世話になった大学の先輩が、社会科研究室に席を構えていた。

日本史教諭である坂井先生との対話からは、柏まちなかカレッジのコンセプトが発展した。「まちの普通の人が先生」というのは、庶民の歴史を尊重する「民衆史」の実践である、と。また「お金を回さない」という方針は、贈与経済の再現であるとも言われた。柏まちなかカレッジの運営は、補助金や寄付金ではなく、会場や手伝いを求めている。これは、資本主義の限界から、人類史の原点に立ち返ったものだと評価して頂いた。そこから、民族学の講義のようになり、「ブリコラージュ」だ何だと、盛り上がった。

次に、体育科の剣道部顧問の三輪先生を頼りにした。私は剣道部OBで、毎年のOB会でお世話になっていた。たまたま、福島さんとも同じ学年で担任をされており、私たちの活動にご理解を示して下さったのだった。

翌年の剣道部OB会に参加した時、剣道場に柏まちなかカレッジが新聞に掲載された記事を張って頂いているのを知り、胸が熱くなったのを覚えている。そして、OB会後、飲みながら、「剣道部OBということもあって、活動を校内で表立っては何も言わなかったが、後方からしっかりと応援してたんだぜ」と語って下さり、いつまで経ってもお世話になりっぱなしである。

を頂いた。

その後、東葛飾高校からは本当に嬉しいお知らせその日は東葛飾高校の卒業式。校長先生から卒業生へのお話の中で、卒業生の活躍を紹介されたそうだ。その卒業生というのが、何と「私」とのこと!。

校長先生は柏まちなかカレッジの活動を紹介して下さったのだ。

思えば十四年前、私も東葛飾高校を卒業した。自由な校風の高校は全国にもたくさんある。その中でも、東葛飾高校は独特だと思う。私が友達に出身校を説明する時には、よく卒業式の話をする。一番インパクトがあるのが卒業式だからだ。

まず、東葛飾高校には制服がないので、卒業生みんなバラバラの服装で出席する。多くの生徒は、スーツやドレス、羽織袴、女学生の袴、振袖など正装して式に臨む。しかし、なかにはコスプレみたいな格好の生徒もいた。ほんとに色々いたのでここには書ききれないが、「ベルサイユのばら」のアンドレやオスカル、「ルパン三世」のような格好や、修道女、チュチュ（バレエで着用する女性の衣装）の腰に白鳥をあしらった男性。ほかにも侍、着ぐるみ……卒業の時期なのでまだまだ寒いのにチャイナドレスの女性もいた。私自身は、普通にオシャレなスーツを着ていたが、見ていて面白かった。

高校では朝礼はなく、行事運営も生徒主体の形だったので、校長先生のお話も短いものだった。校長先生のお話をしっかり聴けるのは卒業式くらいだったと記憶している。特に、卒業式のお話は重要度が高いもの。その話の中に、私のことを選んで下さって、何かの賞を頂いた以上に光栄に思う。

「開校式での風景」／撮影 おだゆき乃

Kuhra-Hair

こだわりの働き方

柏には、美容室が多い。「柏のまちは美容室と飲食店ばかりだ」と嘆く人も多いが特徴の一つだと私は前向きに捉えていて、美容室や飲食店を教室に、柏まちなかカレッジの講座を企画したいと考えていた。しかし、美容室は「忙しい」「人手も足りない」髪に関することをやりにくくるのだから「場所も空かない」と、講座を開く余裕がなかったのだった。

私は、高校生の頃から、ずっと同じ美容師さんに髪を切ってもらっている。もう二十年以上になる。その間、その店に勤める方々とも親しくなった。彼らが独立したり、違う道に進む姿も見てきた。

そのお店から独立した倉持さんと、柏のまちなかでばったりと再会したのが始まりだった。倉持さんは勤めの時から、手を抜くことなくチラシを配っていた。その姿を見て、やさしく、おとなしい印象だけではなく芯の強さを感じていた。倉持さんがどんな思いで独立し、どんな美容室を目指しているか。そんなお話を聞かせてもらった。

「大きなお店とは違って、お客様一人ひとりにこだわって、丁寧に接していきたい」

「シャンプーやカラー、パーマなどの納得のいくものを使いたい」

「独立して、自分らしく働くスタイルを柏のまちで実践していきたい」

そのお話を、柏まちなかカレッジの講座にしたいと提案した。

「地元でやっていくのだから、何か地元の活動に協力していきたい」

そう倉持さんは快く引き受けてくれた。

打ち合わせの時には、広告や集客について話し込んだりしたし、小さい店ならではの悩みも聞いた。美容室ではアシスタントを雇い、美容師になるための教育も行う。一人前になるまで、道は長い。狭い空間で二人きりになると、重い空気になることもある。倉持さんは、教育について考えるようになったそうだ。

たまたま講座に参加していた河田君は、元美容

師。倉持さんは、河田君に「面貸（メンカシ）」を提案した。店に所属しない美容師に、店の設備を貸す「メンカシ」という形が、美容業界にあるそうだ。

河田君に以前ついていたお客さんが、クーラヘアを訪れる。試行錯誤を繰り返しながら、店に新たなワークスタイルが築かれていった。

まちなかカレッジを通して、人が出会う。まちなかカレッジから離れて、人が出会う。その過程で新しい動きが生まれている。

iiii3
人間の魂に火をつける

私の家の近所には「ウラカシ」と呼ばれる、古着屋が並ぶ地域がある。その中に「iiii3」という店があるが、開店した当初私はなかなか店に入ることが出来なかった。ありがちかもしれないが「カッコイイ店、おしゃれな店」はハードルが高い。しかし店長とは、共通の知り合いがいたこと、店の前で開催された音楽ライブに参加したときに意気投合したことなどもあり、いつの間にか親しくなっていた。

この「iiii3」、夏になると店の前に椅子とテーブルを置き、一服できるスペースを設けている。暑い時にも関わらず平日の昼間でも、そこには人が集まっていた。私も店の前を通るときには、店長と話すのが楽しみになっていた。

店長の名前は、田中庸介さんという。私より一歳下で同じ「ヨウスケ」同士。そのせいか妙に気が合う。髪型はおしゃれな「モヒカン」。あちらの庸介さんにとって、モヒカンは流行や面白いものを探知するアンテナ代わり。「アンテナを維持する」と言っては、二週間に一度はカットしている。服装は一言で言えば「奇抜」だが、さすがに洋服のプロらしいこだわりに満ちている。彼は洋服を通して、世界に働きかけていくという社会的な意識を強く持っている人だ。

ある日、いつもの立ち話の中で「iiii3」も、まちなかカレッジをやろう！と決まった。

「やりたいことがあるけど、
まだ、何もできていない」
「頑張りたい気持ちはあるけど、
思うようにいかない」
「より良い社会を作りたいけど、
私にはそんな力はない」

そんなモヤモヤとした闇を抱えた後輩や仲間たちに、光を灯すようなきっかけを作れないか。「洋服やファッションのことばかり考えている人間が、目覚めたらすごい力を発揮すると思うんですよ」っと、力強く語る店長はいつも以上に熱い人に見えた。

「自分自身を解き放つきっかけになるような会にす

る」ことを目的に庸介店長と何度も話し合った。私は「まちのなかにゲリラ的に花を植えていく」という、以前に庸介店長から紹介してもらった映像を使ってはどうかと提案した。ファッションやクリエイティブの力を使って、身近なことから社会に働きかけていく例として面白いと考えたのだ。庸介店長からも意見が出て、キーワードは「ゲリラにしましょう」となった。「iii3」での柏まちなかカレッジは、私たち二人が持っている（内に秘めた）「ゲリラ」について語ることにした。

「まちのなか」を「カレッジ」に、「まちのひと」を「先生」にしたまちなかカレッジのゲリラ的な性格×iii3を設立するまでの庸介店長のゲリラ的な生活は、文句なしにピッタリだった。「大資本でないと、大きな組織でないと、社会を変えられないのか？」そんなことを参加者と延々話し合った。「自分の内面に、ゲリラを起こせ！」の後は、遅くまでワインを交えて語り合った。参加者の情熱が社会を動かすムーブメントに代わりそうな夜だった。

ハックルベリーブックス

ふくろうのいる本屋さん

私の住まいの近所に、「ハックルベリーブックス」という本屋さんがある。街の書店は経営に苦労している、と言われるこの時代「ハックルベリーブックス」はわかりにくいとしか言いようがない場所にオープンした。

思えば近頃は、こぢんまりとしたまちの本屋さんが本当に少なくなってきた。まちの本屋さんはアマゾンなどのウェブ書店や、品ぞろえを誇る大型店のように、すぐに目的の本を入手することはできない。けれども、本にまつわる会話を楽しんだり、店主の顔が見えて、地域の人が集うような場としては「まちの本屋」は必要ではなかろうか。私は、センスの良いまちの本屋さんが存在するのは、その地域の文化が成熟している証拠と考えている。本好きが店を支え、店が本好きを増やしていくという好循環がある地域には、風格を感じる。

店主の奥山恵さんは、高校教諭を辞めてこの店を始めた。児童文学の研究者でもあり、二〇一二年五月にはご自身の作品で児童文学新人賞を受賞されている。

児童書や絵本を専門にした、個性的で雰囲気のいいお店は、奥山さんの相棒である「フクロウ」のフーちゃんが店番をしている日もある。二階はフリースペースとなっていて、時間貸しが可能。柏まちなかカレッジでは「社会起業講座」、「アロマキャンドル作り講座」をこの場所を借りて開催した。

あるとき、奥山さんから『一箱古本市の歩き方』という本を薦められた。この本は、お客さんが取り寄せの注文をしたときに、奥山さんも興味を持ち購入したそうだ。私は、薦められた本を読んですぐ、「ぜひ柏でも一箱古本市のようなイベントを開きたい！！！」と奥山さんに相談を持ちかけた。後で奥山さんから聞いたが、私の反応は奥山さんの予想通りだった様である……（笑）。さっそく奥山さんと共に、さまざまな人に呼びかけて、イベント開催に向けて動き出した。もちろん、私とこの本が出会うきっかけとなった本の注文者、行政翔平さんにも声をかけた。

ここで、「一箱古本市」について説明をしておきたい。

古本市といえば、古本屋さんの組合が協働して一同に出店する場合が主で、そこに足を運ぶのは、研究者や愛好家といった専門家や、相当な本好きといったイメージではないだろうか。「一箱古本市」はそういったプロだけでなく、一般の人も出店が出来る「市」である。簡単にいえば「本屋さんごっこ」が楽しめる催しだ。ここでは、お金儲けというより、お客さんとのやりとりの方が大切にされている。本好きの出店者から、直接本の話を聴ける、本好きのお客さんから面白い話を教えてもらえる。マスメディアによる情報よりも、口コミや信頼する人が取捨選択（セレクト）してもらった情報が重宝がられる傾向がある現代だからこそ、広がり始めた手法かもしれない。

書店に並んでいる本は、ほとんどが出来たばかりの新刊本だ。一日に何百冊もの本が出版されており、古い本は売れないと判断されれば即刻姿を消す。書店のスペースには当然限りがあるのだから、仕方の

ないことである。

「一箱古本市」は、お店の軒先を借り、出店を希望する人が自分の本を箱につめ、「ござ」を敷いて本を売る。まちに、沢山の小さな本屋さんが出現するのだ。

訪れた人は出店マップを片手に、日差しを感じながら、のんびりぶらぶらと街を歩く。出店者のこだわりがつまった一店、一店をゆっくり見てまわり、ふと手に取った本を通して、会話が生まれ、笑みがこぼれる。「本まっち柏」は今まで知らなかった柏の街の魅力も再発見することにつながる、そんなイベントとなった。

読書離れや出版業界の不況など、本にまつわる話題は暗いものが多いと聞く。しかし、本について語り合うブックトーク、社会人の交流会でもある読書会、絵本の読みきかせ、音楽演奏をバックに朗読会、ブッククロッシング（読み終えた本を放置して誰かに読んでもらう）など、本にまつわるイベントに関心が高まってきている。

柏は、便利なまちである。若者のまちとも言われてきた。しかし、それだけでは物足りない段階に来ている。もう一歩先を目指し教育や文化の成熟したまちへ、変わりつつある時期なのではないだろうか。

ネクスファ

まちカレ的なものの広がり

柏まちなかカレッジ企画運営会議が立ち上がった二〇〇九年五月ごろ、私は柏まちなかカレッジ構想への協力や意見を頂くために、人が集まるカフェや居酒屋などをまわっていた。

ビートルズを愛する人々が集うバー「キャバーンハウス」でマスターに語っていた時のこと、カウンターの対角線上から教育の話が聞こえてくるのは意識していた。お客が私と対角線上の二人しかいなくなった時、マスターは私たちを引き合わせてくれたのだった。それが、杉浦正吾さんとの出会いである。

私と杉浦さんは、剣道経験者ということですぐに意気投合。当時私が、大学院の博士課程で教育学の研究をしていること、地域での教育実践をしていることに大いに共感してくれた。その後メールのやり取りはしたものの、そのまま月日が経ってしまっていた。

杉浦さんと再びお会いすることになったのは柏まちなかカレッジの本開校を前に、十一月、十二月の二ヶ月で約二十のプレ講座を開催したときだ。先生や参加者を中心として二〇一〇年一月には「まちカレカフェ」を開催、春の本開講の発表とまちカレの説明会を行ったのだが、そこに杉浦さんを招待したのだ。ちょうど、彼も私に話したいことがあったそうだ。

ご無沙汰していた半年間、杉浦さんは人生について考えさせられる出来事を経験し、「自分のやりたいことをやらなければ」と決心したそうだ。杉浦さんは大学院生のころ、塾を経営し成功していたという。その塾で環境教育も実践したが理解を得られなかったのだそうだ。その後都内での仕事が増え、塾からは手を引くことになったが今こそ、自分の使命を果たさなければならないと考えるようになり、サステナビリティを伝える塾を開きたいという想いに至ったのだった。

塾の名前は、「サス塾」。

サステナビリティを日本語に訳すと、持続可能性。この社会が、いかにこれからも続いていくことができるかどうかは環境問題だけではなく、社会システムや文化の問題も含んでいる。そこで肝心なのが「教育」である。

私は杉浦さんの心意気に共鳴し、お手伝いすることになった。教育プログラム作りには、多くの方の知恵を借りた。その中で、研究者や広告代理店の方やクリエイターなど、環境分野でのトッププランナーたちと出会った。一方で、柏まちなかカレッジに集まった先生やおもしろい人を杉浦さんに紹介することも行った。フードコミュニケーターの森脇菜採さんや鳥博士の柴田佳彦さん、環境CSRの岸和幸さんなど、今でもサス塾で大活躍されている。

そのサス塾が、東京大学の高齢社会研究所と連携し、高齢者と子どもの相互作用をねらった教育事業に取り組むことになった。そこから生まれたのが、放課後の子どもの居場所作りである「ネクスファ」である。

ネクスファでは、地域の大人から学ぶプログラムが豊富である。たとえば世界で活躍したビジネスマンだった高齢者から英語を学ぶ英対話教室。単なる英語の会話ではなく、文化の違いやコミュニケーションを学ぶ対話である。そのほか、自然観察、科学実験、料理実習、生け花、ヨガ、レゴ、写真など、地域の大人を先生に招き、子どもたちに体験できるようにしている。

先生でなくても、貴重な経験を持った人が地域には沢山存在している。そういった方々の力を引き出していくのは、柏まちなかカレッジと似ており「まちカレ的」と言えるだろう。

「まちカレ的なもの」が広がり、学び合う文化が育っているのを感じる一例である。

エッジハウス

お陰様サイズの地元を醸し出す会社

油原祐貴さんと初めて出会ったのは、「一人カフェの楽しみ方」で先生をつとめて下さった相内さんの紹介だった。

「学長と言うので、もっとおじいさんが来ると思っていました（笑）」

それが、初めてお会いした時の第一声だった。その後は大阪市中崎町のコモン・カフェやコモンバーシングルズに、私が行ってきた話などで盛り上がった。日替わり店長制度やトークライブ開催など、人と人とが出会うサロンづくりについて、私から紹介させてもらったりもした。油原さんは、シェアハウスで起業したいと話していた。

油原さんは、ストリートブレーカーズ（略してストブレ）のメンバーだ。ストリートブレーカーズは、ストリートミュージシャンなど柏の若者文化を発信する原動力となってきたグループだ。今でも、柏神社の境内で定期的に、手づくり・手の市やジモトワカゾー野菜市を開催して柏を盛り上げている。

出会ってから二年ほどたったころに油原さんは、独立して起業した。その拠点となったのが、ヨル・カフェ・フロッシュ。ここは「民藝 meets モダン」の講座を開催したカフェ・マのあった場所だ。※カフェ・マは、地元で伝説のカレー店ボンベイを復活させ、近所の別の場所で開業中。

油原さんは、ここで、コモン・カフェで行われているような一日店長制度や店内のサークル活動やイベントなど、やりたいこと次々に実現しはじめた。柏まちなかカレッジでは「魁!!歴史塾」を月に一度、ここを借りて開催中だ。

そのほか「コイノミ柏」といった街コン（街を会場にした合コン）の運営や子どもレストランといった企画を行うなど、柏の強みでもある食と農を中心に地域に密着した事業を展開。いまは新規就農者の吉岡龍一さんや柏まちなかカレッジ二代目事務局長の行政翔平さんも、油原さんと一緒に活動している。

彼は常々「お陰様サイズの地元を醸し出す会社」でありたいと語る。「お陰様サイズの地元を醸し出すという言葉は「愛情サイズの」ビデオカメラのキャッチコピーから思いついたそうだ。自転車で行動できるくらいの範囲で、顔と顔が見えるくらいの規模での地域暮らしを作っていくという意味である。

コミュニティカフェであるヨル・カフェ・フロッシュは、地域暮らしの入り口。もう一歩発展させたのが、前述のNOBでのコ・ワーキングスペースの運営だ。東京に出ていかなくても、仕事があり生活ができる。柏で働く場所と雇用も生み出していこうというのが狙いだ。

エッジな感性を持った人は、地域にたくさんいる。そういった人たちが、地域で活躍できる仕組みを作っていきたい。まさに、まちなかカレッジの「まちの人が先生」といって、地域の資源を引き出していこうという思いを共有できる仲間である。

YOL Cafe Frosch
グランドメニュー
We Kashiwa

5 学び・対話から社会課題解決につなげる仕組み――

island ATRIUMではさまざまなアートイベントが開催されている。

ワールドカフェの限界とフューチャーセンターとの出会い

ファシリテーターとは、会議やミーティングなど複数の人が集う場において、議事進行を務める人のこと。中立な立場を守り、参加者の心の動きや状況を見ながら、プログラムを進行する。研修講師の間では、ワークショップの手法が広まり、今ではワールドカフェなどが流行している。ワールドカフェを簡単に言うと、話し合いの場において、ゲストがリラックスしてオープンに固定観念にとらわれず話し合いを行えるように、さまざまな工夫を凝らしたものだ。主体性と創造性を高める手法によって、建設的な話し合いが行われることが多く、ここでのアイディアは、事業企画や商品開発に活かされていくことが多いと言われている。

このワークショップなどの対話的手法は、私たち「柏まちなかカレッジ」のような市民の集まりでも活用されるようになってきており、「理想のまち」や「このまちの未来」といったテーマで対話が重ねられ、まちの課題を発見し、より良いまちのビジョンを描くためのきっかけになり、強いてはまちのコミュニティを活性することに役立っている。

しかし「柏まちなかカレッジ」では、このワールドカフェの手法を物足りなく感じるようになっていた。実行力のある組織とは違い、市民の集まりでは、見知らぬ人同士が集まり、活発な意見の交流ができたとしても「その場限り」で、出てきたアイディアが実現されることは少ない。アイディア出しや市民の意識を高めることには役立つものの、そこから先のアウトプットには弱いのが現実だ。まちに関心や愛着を持ってもらうといったことが目的ならそれでも十分かも知れないが、柏まちなかカレッジではその段階から、まちに自分たちの考えを活かす段階に移行したいと考えていた。そのために出来ることは何か、どうしたらいいだろうか……。私たちは、そんなことを必死に考えていた。

そんな時、柏まちなかカレッジで東葛飾高校の生徒・保護者・社会人によるワールドカフェを開催した。都内からもダイアローグ（対話）に関心のある人々が集まってきて盛況ではあった。ワールドカフェが終わり、近くの「猫の小路」という喫茶店に、残っていたメンバー六人ほどで立ち寄り続きを語り合った。

「これからは、アイディアを出し合っているだけでは、もの足りない

東葛飾高校でワールドカフェ開催

よな」

やはりそんな話になった。市民が集まって意見を出し合うことで、地域は変わるだろうか。地域を、未来をかえるような対話のカタチについてどうすればいいのか……そんな話を続けていく中で、副学長の福島さんから出たアイディアが「フューチャーセンター」だった。

フューチャーセンターとは、複雑な社会課題を解決するための社会装置である。

複雑に絡み合った課題を、対話によってほぐしていくきっかけをつくることができる。大きな組織での部署を横断したプロジェクトが生まれるきっかけづくりや、社会課題の解決に多様なステークホルダーが、組織や立場といった壁を乗り越えて智慧を持ち寄る。一般的な会議室とは違った非日常な空間のなかで行うことで、共通の体験を経ることにつながり関係性を深め対話ができる。閉塞した組織、固定観念にとらわれている思考を壊し、イノベーションのためのアイディアを共創し、実際のアクションに繋げていく前向きな「装置」である。フューチャーセンターは、もともとスウェーデンの保険会社が知識を資本にしたビジネスの研究から生まれたという。オランダ、ノルウェーなど欧州各国の企業・NPO・行政で効果をあげている。欧州のフューチャーセンターでは、複数の省庁の担当者、民間企業の担当者、市民が分け隔てなく議論をし、認識を共有して革新的な政策コンセプトを立案しているという。

疾きこと風の如し

私たちはこの「フューチャーセンター」に可能性を感じ、その場で開催を決めた。

「善は急げ！」だ。

柏で大勢が話し合えて、しかも、何か生まれそうな異空間の場所を探した結果、「Island（アイランド）」での開催が提案された。アイランドは、もともとは繊維倉庫であったが、柏の若手アーティストのコミュニティスペースとなり、現在はアートギャラリー・アトリエとして存在している。フューチャーセンターにふさわしい会場だと全員が思った。早速、オーナーに電話し、できるだけ早い日程で予約を入れた。

途中から駆けつけて、喫茶店で合流した宮川さんにも協力を依頼した。

彼が柏インフォメーションセンターの二代目所長に就任し、間もない頃だったと記憶している。柏インフォメーションセンターは、柏駅前にあり、市民によって運営される柏のコンシェルジュのような存在である。宮川さんを交え、行政関係者などぜひ参加してもらいたい方への依頼や情報発信はどうすればいいかを話し合った。

その日話し合いで、頭も身体もくたくただった。エネルギーを使い果たしてしまったのか、帰宅してすぐに私は寝てしまった。日が変わりそうな十二時前に空腹で目が覚め、ラーメンでも食べにいこう……と、外へ出たところ、偶然一人で歩いている秋山・柏市長と遭遇した。ひょんな出会いから、一緒にラーメンを食べることになった。そこで、このフューチャーセンターの企画を説明し、どうしても参加してもらいたいとお願いしたところ秋山市長は快諾！。

うまくいく時は、こんなにもうまくいくものだと自信を得た夜だった。

理解を得るために苦労

柏まちなかカレッジによるフューチャーセンターは二〇一一年一月八日に決まった。準備期間は、二ヶ月もない。

この会のカギを握るのは参加者だ。話し合うテーマ「柏の未来」の当事者となる人たちを、いかに巻き込めるかにかかっている。出てきたアイディアを実行に移すための力のある人に、どうやって呼びかけるか……。行政職員や地権者、地域の企業からも参加して欲しかった。これまでの柏まちなかカレッジの参加者は、地域活動やカフェ・バーでの噂を聞いた人、対話や教育に関心の高い人が多かった。まさに、口コミで集まってもらっている感じ。しかし今回は、きっちりとした手続きが必要となった。フューチャーセンターで何をおこなうのか？　内容が明記されている依頼書なりを求められることも多く、いままでになく準備に時間がかかった。設立の背景、センターの目的（理念）、対象とするエリア、対象者または参加を呼びかける人、そして具体の戦略などを盛り込んだ依頼書をつくり参加を呼びかけた。呼びかけを進める中で、ややこしいことが発覚した。なんと柏にはフューチャーセンターが、別に存在していたのだった。フューチャーセンターの概念を説明するのがただえさえ難しかったのに、別の概念で設立されたものがあったというから、大きな混乱を招いてしまった。

柏市は、二年前の二〇〇八年にフューチャーセンターの設置をうたったキャンパスタウン構想を発表していた。私たちが参加の呼びかけを始めたときには、東大駅前キャンパス整備と連動して、フューチャーセンター推進機構を開設、施設整備に向けて調整中しているところであったのだ。センターは政策議論のみならず実証をともなうものであり、柏市と東大が協定を締結したばかりだった。

「余計な混乱を引き起こして欲しくない」そんな行政職員の気持ちも伝わってきた。同時に、私たちの理解不足も浮き彫りにされた。フューチャーセンターは、日本の行政など公的機関として、どのような役割を果たすのか？　特に政策にどうやって連結させるのか？　私たちにはその道筋が見えていなかったのだった。

中止にする理由は、ありすぎるほどあったが、新しいことに挑戦することで、拓けてくることもあると信じ、とにかく、知り合いの行政職員や関係者を通して、参加をお願いしてまわった。

2014年春竣工予定の東京大学フューチャーセンター

全国初の行政を巻き込んだフューチャーセンター開催

二〇一一年一月八日。柏まちなかカレッジ主催で、行政と市民を巻き込んだフューチャーセンターは開催された。フューチャーセンターを日本に導入したＫＤＩの荒井恭一さんを招き、行政職員、自治体首長、まちづくりに関わる活動家などが約三十名集まった。参加者はそれぞれの肩書きをはずした一市民として、よりよい柏に向けた対話を繰り広げた。

ワールドカフェ形式で、「柏の強み」「柏の弱み」をテーブルごとに話合いし、出し合う。出たアイディアは付せんに書き出し、壁に貼った木のオブジェに集約し、参加者で眺めてもらった。各テーブルでの対話内容を「見える化」し、共有する仕組みである。

次に、それをふまえて、フューチャーアートを行った。これは、紙粘土や風船、モールやビーズを使って「五年後の柏」をイメージしたアート作品を仕上げてもらう試みである。個人作品をテーブルでさらに一つの作品（街）として統合した。完成したアート作品はテーブルごとに発表してもらった。作品の完成度の高さに、参加者はお互いに驚いていた様子だったが、粘土工作で童心に戻って楽しんでもらえたようだった。最後に「この柏で、自分たちで取り組めそうなこと」や「次のフューチャーセンターに期待すること」などを再びワールドカフェで出し合ってもらい閉会した。

荒井さんからは、オランダで立ち上がった時のフューチャーセンターのイメージと似ていると、感想を述べられた。またアートで表現しようということに関して、参加者の皆さんが前向きに取り組めたのも、アイランドという空間の力だったのかもしれない。

柏まちなかカレッジで、引き続き、フューチャーセンターを開催し、一つのモデルを示していくと決めた。施設を作ろうというものではない。集まって対話する場をコーディネートすることから始めるのだ。

対話によって、複雑に絡み合った問題をほぐしていくきっかけ、大きな組織での部署を横断したプロジェクトが生まれるきっかけを。そんな前向きな場つくりを模索していきたい。そんな気持ちで、この活動は始まった。

第1回柏まちなかカレッジフューチャーセンター開催

行政への働きかけ

柏まちなかカレッジのフューチャーセンターは、翌月も継続して開催した。三月に、東日本大震災が起きたため一時的に中断することになったが、その間もフューチャーセンターの有効性や可能性への確信は強まり、研究は続けられた。

その後、柏まちなかカレッジ学長である私は、市議会議員に立候補しありがたいことに市議会議員という職につくことになった。柏まちなかカレッジで続けてきたフューチャーセンターの研究と提言をもとに、九月議会、一二月議会にて「柏市でフューチャーセンター設立の提案」を行うことになった。市役所からは設置に向けて、前向きな答えを導くことが出来、また一歩フューチャーセンターに前進したことを感じた。

翌年一月には、柏市副市長、企画、総務の担当職員と私が、KDIの荒井さんのコーディネートのもと、国内のフューチャーセンターの事例を視察した。市はまちづくりの核となる機能の導入を検討しているとこ

二子玉川にあるカタリストBAを視察

ろだった。その一つとして、フューチャーセンターを紹介したのだ。

図書館や公民館など現在ある施設に、フューチャーセンターの機能を備えさせることも考えられる。たとえば、柏の北部地域に柏の葉アーバンデザインセンターという施設がある。この施設の目的やプログラム内容は、フューチャーセンターと通じるものがあるという、市役所職員の理解も得られた。

オランダのフューチャーセンターを訪問

議会でのやり取りを通して、フューチャーセンターとは何かをもっと明確にする必要性があると痛感した。また、フューチャーセンターの国内での認知度が高まるにつれ、単なる海外の珍しい手法と勘違いされてしまうのではないか、という不安も出てきた。

「本物を見たい」

そんな思いが強まっていたとき、ハバタク株式会社の長井さんから電話がかかってきた。

「来月に、レゴを使った教育プログラムの国際会議で、デンマークに行くことになりました。せっかくなので、オランダの学校やフューチャーセンターも見てこようと思うのですが、学校現場についてはありませんか？」

突然の話だった。

「いつ行かれるんですか？」

「四月十六日からです」

「それは、俺の誕生日だよ！　俺も一緒に行こうかなぁ」

「お忙しそうなのに、大丈夫ですか？」

「ちょうど、痔ろうで入院する予定にしていたので、奇跡的に空いています」

※実は、痔主だった私は、この時期に手術を受ける予定になっていた……（笑）

そんな会話を交わし、私はオランダへ行くことを決めた。オランダの教育には、高校の教員時代から注目していた。オルタナティブ教育が盛んで、双方向の対話などが教育現場で生かされている。これからの私の土台となっていくはずだ。と直感したと言ってもいい。本物のフュー

水利省（日本でいう国交省）のフューチャーセンター。エントランスもオシャレ

チャーセンターが見られる。長井さんからの電話のタイミングといい、スケジュールの状態といい、オランダを訪問する時が来たと思うよりほかなかった。

オランダのフューチャーセンターについてのレポート――

私と長井さんは、ＬＥＦ（水理交通省関連）とShipyard（国税庁関連）という、二つのフューチャーセンターを視察し、それぞれのディレクターにインタビューをする機会を得た。

まずは、交通の要衝であるユトレヒトにあるＬＥＦに、路面電車を乗り継いで到着した。川沿いにそびえ立つ水利交通省のビルの一角に本拠地を構えており、広い空間を思う存分に活用し、内装や映像・音楽にもこだわって、異空間を生み出している。

ディレクターのCees Plug（シーズ・プラグ）氏とマネージャーのYge ten Kate（イゲ・テン・カテ）氏にインタビューを行った。彼らによると大事にしていることは二つだという。

一つは、Atmosphere（空気感のつくりかた）、もう一つはNeuroscience（脳科学にもとづいた設計）。一日に数組のセッションを開催しており、莫大なコストをかけているが、その投資以上の成果を上げているという。LEFを一言でいうと、〝too everything〟。市民からも、「やり過ぎだ」と批判を受けていると、ディレクターはむしろ誇らしげに語った。

次に、ベルギーとの国境付近のブレダにあるShipyard（国税庁関連）。ユトレヒトから、目の前に現れたバスに慌てて飛び乗って向かった。後で電車でも行けたと知り一同苦笑い。

古い建物が残る、落ち着いた街並みにShipyardは存在した。立派な邸宅を、フューチャーセンターとして活用するために、工夫して手作りで改装した印象を受ける。LEFがテンションを高める工夫がなされているのに対し、Shipyardは静かに考えるための工夫がなされていた。マネージャーのErnst de Lange（エルンスト・デ・ランゲ）氏にインタビューを行った。Shipyardで、大事にしていることは「Shipyardというコンセプトとlicence to disturb」だそうだ。「Shipyard」とは船のドッグの意味。航海し続けていた船が、陸にあがり点検を受ける。そ

Shipyard。国税庁のフューチャーセンター。創造的な作業の場

して、今後の指針を振り返る。そんな場所でありたいということだそうだ。

「Licence to disturb（邪魔する権利）」は、自分たちと関わりのないことにも、口を挟んでいくという姿勢を持ち続けること。この邸宅、国税庁が差し押さえたかしたものを利用しているようで、オフィスには出向している国税庁のスタッフも在籍していたほか、家賃・地代、そのほかの経費も、国税省が負担しているようだった。

Shipyardは、LEFと比べると、規模が小さい。その印象を、Ernst de Lange氏に話すと、彼はこう答えた。

「Shipyardを一言でいうと、stay smallなんだ」

あえて小さくあり続ける。小ささの中に強みがある。そんな自信が表れている言葉だった。

フューチャーセンターへの疑問

フューチャーセンターについて、疑問に感じていたことを、それぞれのフューチャーセンターのディレクターに質問した。ここでは私が実際に彼らに質問した内容を紹介したい。

疑問一：フューチャーセンターのお客さんは誰？誰が、フューチャーセンターに課題解決の相談を持ち込むのだろうか？

回答：あらゆる方面から持ち込むことが可能。実際には、関係省庁や関連組織からの依頼が多い。

疑問二：誰が、フューチャーセンターにお金を支払うのか？

回答：課題解決の相談を持ち込んだ組織。

疑問三：誰が参加するのか？

回答：課題解決に責任のあるステークホルダー、その課題に関わる人、その課題に関わる可能性がある人、その課題を解決する知識・経験・力のある人など、組織を超えて参加を依頼する。そのほか、その課題に強いファシリテーターも参加する。

山下の補足

見学したフューチャーセンターでは、公の機関が多かったと感じる。

行政、企業、大学など研究機関、専門機関から参加しているようであった。

疑問四：誰が参加者を集めるの？

回答：参加者を集めるのは、課題解決を依頼した人。フューチャーセンターが集めるわけではない。「フューチャーセンターは、場とファシリテーターを提供するだけ」

参加するにふさわしい、課題解決に責任のあるステークホルダーを招待する。

疑問五：参加者にお金を支払うのか？

回答：支払わない。参加者は、課題解決に対する責任のある人。参加者は、その課題に対するステークホルダー。

疑問六：どんな問題が持ち込まれるの？

回答：大きなテーマの問題。小さいテーマの問題、単純な問題は、扱わない。たとえば、環境問題や高齢化など、複雑に絡み合った問題を扱う。

山下の補足

ディレクターは、こう言った。「We have no solution！（私たちは、解決方法を持っていない）」当事者自身で解決するための対話の場を準備するのだ。

その課題に関係しているのだから参加するのが、当然といったニュアンスを感じた。

疑問七：フューチャーセンターの存在意義は？

回答：今まで考え付かなかったアイディアを提示できる。スピード感を持って、解決策を提示できる。たとえば今まで何年もかかった、温暖化・海水面上昇への解決策を四時間で示した。実際その解決策で、経済的な利益を提供している。

疑問八：誰がフューチャーセンターを創ろうといったのか？

回答：トップマネジメント。政治や企業のトップが、創造的なアプローチによって問題解決する、ということの重要性を理解している。

疑問九：フューチャーセンターの社会的認知度は？

回答：きわめて、その社会的認知度は低い。

フューチャーセンター自体も利益をあげている。日本の議会のようにフューチャーセンターの公共性や意義に疑問を持たれるようなことはなく、社会に必要な機関という認識であった。

課題解決に責任のあるステークホルダーとして、市民がセッションに参加していない。市民参加に対して、見学した二つのFCは、意欲的ではなかった。国の省庁の一機関にすぎないという印象を受けた。

以上が、実際に私がした質問であるが、フューチャーセンターへの市民の参加に対しては意欲的ではないなど、考える部分も多かった。

ハンク・キューン氏との話

このフューチャーセンター視察については、Hank Kune（ハンク・キューン）氏にコーディネートをして頂いた。ハンク・キューン氏は、Educore代表（innovation and enterprise）である。同時に、Future Center Alliance founding partnerの代表として、フューチャーセンターのネットワークづくりにも取り組んでいる。教材の開発にも携わっており、教育への関心が高い。市民参加の社会づくりを構想している人物だ。

そのハンク・キューン氏と、夜地元のバルで語り合った。

氏は、社会の課題としてまず「Trust Problem（政治不信）」をあげられた。その大きな要因が、世代間ギャップによる不公平感だ。オランダでも高齢化が進み、高齢者向けの政策のウケが良い。そんな状況で、若者の政治離れが進んでしまっているという。私たちも、日本の状況を語ったところ、ハンクさんは、選挙に行かない人に対して大変驚いていた。

次にフューチャーセンターの課題について。オランダでもまだまだ社会的認知度は低く、特に市民の参加がないこと、フューチャーセンター同士の連携がないことは大きな課題だという。

地域と中央のギャップについても、日本と同様に課題になっていた。日本で、道州制が議論されているように、オランダでも県の存在意義について疑問の声が出ている。ハンクさんは、独自に「県は、基礎自治体（市町村）と国を結ぶ役割を担う組織である」と考えている。「基礎自治体と国とのファシリテーション機能を果たす。つまり、県がフューチャーセンターとなるよう働きかけるという。社会構造の改革を進めていかなければならない」と、熱く語っておられた。日本では、都道府県不要論も出ている中、とても興味深いお話だった。

ある小さい町に地域に根差したフューチャーセンターがあったという話もして下さった。結局は、財政的な理由で潰れてしまった……と寂しそうだった。だからこそ、お金をかけなくても、創意工夫で運営してい

翌年に再会。1年間の活動報告を行った

けるフューチャーセンターは重要な存在で、今回の視察でShipyardを紹介して下さったのだと、ハンクさんの意図を知ることになった。

最後に、日本のフューチャーセンターへの期待について。

「オランダのフューチャーセンターは、専門機関として成り立ってしまっている。日本では、ぜひ、市民を巻き込んだ社会づくりとしてのフューチャーセンターをつくってほしい」

これは、政治参加を促す仕組みとしても重要である。世代間、地域、国のギャップを埋めるようなフューチャーセンターを、課題解決のネットワークとしてのフューチャーセンターをつくってほしいと託されたのであった。

6 食でつながる地域社会

フューチャーセンター「食でつながる社会」にて、付箋を体に貼って、体を張ったプレゼンを行った石戸さん。／撮影 辻義和

食でつながる

私はオランダから帰国後、早速中断していた「柏まちなかカレッジフューチャーセンター」を再開するために行動を起こした。

大きな目的は「社会参加の意識を高め、時代を覆う閉塞感を打破すること」

参加者に、自分たちのアイディアが社会に活かされることを体感してもらう。「何をしても無駄」と人任せにしてしまうのではなく、小さな力でも無力ではない、協力すれば大きな力を生み出せる。そう思ってもらえるようなものにしたいと願った。

「アイディアを出し合うだけでなく、次のステージの対話の場をつくりたい」

私たちは、フューチャーセンターに取り組んだ原点に立ち返り、企画を練った。どうしたら、私たちがテーマに設定した「つながりある社会」を実現できるのか。シンプルに、かつ、誠実に考えた。

私たち企画スタッフは、さまざまな対話の手法を知っている。しかし、そういった手法をいったん捨て、どうしたら参加者が進んでアイディアを出してくれるか。行動を起こしてくれるか。継続してもらえるか。社会にインパクトを与えられるか……を一から考え直した。

二〇一二年六月二日。「食でつながる社会」をテーマにフューチャーセンターの初セッションを開催した。

この企画は、柏で食を通したさまざまな活動をしている森脇さんの思いに我々「柏まちなかカレッジ」が共感し「柏まちなかカレッジ フューチャーセンター」の企画として開催したものだ。

森脇さんはかつて「マクロビオティック」を実践していたが、購入する野菜の有機無農薬という文字だけを見ていて、スーパーに並ぶ「顔の見える野菜」を買っても、顔写真がついている野菜を買っているに過ぎなかったという。しかし、パートナーの転勤で柏に住むようになり意識が変わったと話してくれた。柏で生活することで「人と人とのつながり」を感じられるようになり、「地域への愛着」が大切だと実感したというのだ。

食、農、環境とのかかわりに気づき、「みんなに知ってもらいたい」

6月開催風景／撮影 辻義和

という思いから、生産者である農家と飲食や流通も含めた消費者をつないでいく活動を始めた森脇さんは、料理教室やお菓子製作、柏の野菜を使ったレシピ開発、そして食に関わるホンモノを飲食店に紹介をしてきた。

柏市でもさまざまな立場から、食育に取り組もうとしている。柏は農業が盛んで、飲食店が多く、多様な食育の先生がそろっており、食育の先進地域になる可能性を感じる。それぞれが、連携し協力していけば、素晴らしいものになるだろう。

東日本大震災以降、人と人とのつながりの大切さは、社会に受け入れられているはず……。だからこそ、この機会に「食から、感謝や人と人とのつながりを実感できるようなムーブメントをおこしたい」「お金を中心に生活がまわっている社会を変える一つのきっかけを投げかけたい」そういう強い思いがそこにはあった。

「話合いをしたって、何も変わらない」

「そんなことは、今までに何度もやってきた」

「海外ではうまくいったかもしれないが、ここは日本だから、そんなに簡単ではない」

7月開催風景、付箋には参加者の自由なアイディアがいっぱい

事前には、そんな声も聞こえていた。森脇さん自身も弱気になっていたように思う。しかし、柏で食に関わる方々が一同に集うと、話はぐんと前に進んだ。やはり食の現場には、食からムーブメントをおこすことや、食育について考えている人がいたのだ。事前に設計したプログラムに従い、当日もメンバーの対話を深めていけるようファシリテートした。

「食でつながる社会」を目指したフューチャーセンターは、六月に第一回セッションで多様な参加者のアイディアを出し合い、翌七月に第二回セッションを開催した。三つのプロジェクトチーム（食育推進チーム、コミュニティカフェチーム、食ブランディングチーム）を立ち上げた後、各チームの活動とは別に、毎月全体ミーティングと各リーダーミーティングを開催し活動継続を支援した。七月の第二回目以降は、ゆるやかなコミュニティへのプロジェクトマネジメントだった。何も難しい手法ではなく、いたって基本的なサポートを丁寧に続けたのだった。

毎月の全体ミーティングには、メンバーが力を借りたい仲間や興味を持った知り合いを誘って参加し、半年後の二〇一三年一月には関わったメンバーの数は百人を超えている状態になった。カメラマン、行政職員、研究者、大学生、音楽関係者など。食育のヒーロー「野菜戦士ぬかづけマン」であるアップダウン竹森巧さん（吉本興業）も参加してくれ、食育に関する熱い思いを語り合ったこともある。

十月の全体ミーティングは、柏中学校の近くにある「ネクスファ」という場所をお借りした。ここは放課後サポートと学習塾が一体化した新しい学びの場である。

話し合い途中に、たまたまイベントの案内を持ってこられた東京大学の矢富直美先生が、自然にミーティングに参加したことで、矢富先生の高齢者の生きがいプロジェクトと、コミュニティカフェが協働するきっかけになった。こうして日々セレンディピティ（幸せな偶然）が起こっている。

閉塞した社会では、何をやっても無力さを感じるかもしれない。しかし小さな力でも、同じ思いを持つ人が集まれば、社会を変えられるかもしれない。そんな希望が連鎖し、本当に社会を変えていく。思いを発信する場、思いがつながっていく場を、これからも創造していきたい。

参加したメンバーたち

「食でつながる社会」をテーマにしたフューチャーセンターのセッションには、多様な参加者が集まった。

石戸義行さんは、大きな体に付箋を貼って「食と企業」をテーマにプレゼンテーションを盛り上げてくれた。彼はスーパーマーケットケイホクの経営者。柏の若手経営者の兄貴的存在である。政治や社会的課題に関しても、熱心に取り組んでいらっしゃって、国際交流協会や放射性物質問題に取り組む市民団体「つながろう！柏　明るい未来プロジェクト」に参加している。ちなみに石戸さんは、ギタリストとして毎日早朝から練習に励み、ライブもこなしている。柏のミュージシャンたちからアニーと呼ばれ、慕われている存在でもある。

亀岡浩美さんは、柏のイメージアップを推進している市民団体ストリートブレイカーズの事務局長。これまで、「減脂（ヘルシー）バトル」や「音街かしわプロジェクト」、「カシワシムスメコンテスト」を実現さ

多様なメンバーが集合した

せ、柏の若者文化を盛り上げてきた方だ。柏神社で手作り工芸品や農産物を直売する「ジモトワカゾー野菜市・手づくりの市」や、「ジモト畑プロジェクト」、「安心・安全の柏産柏消円卓会議」を開き、柏の農業を振興する取組みも行っている。彼女は「柏と農業の未来」について投げかけてくれた。

寺嶋浩人さんは、柏の飲食店「ぶらい庵」の店主。柏の飲食店と柏駅前を活性化させる「ユルベルト」の呼びかけ人でもある。ユルベルトとは、函館のバル街を参考にした食べ歩きイベント。柏駅前の個性的な飲食店群は、ショッピングモールにはないまちの強みとなっている。

中村威さんは、アサヒビールに勤める傍ら、食育活動に取り組まれている。フェイスブック上に「食」に関する共通のグループを立ち上げて運営していこうと、仕組みをつくっているところである。アサヒビール系のニッカウヰスキーの工場が柏にあることもあって、つながりは強い。

ほかにも、経営コンサルタントの林真人さん、農家の小川幸夫さん、新規就農者で私の教え子でもある吉岡龍一さん、まちづくりコーディネーターの柏女霊照さん、コミュニティカフェ・フロッシュを運営する油原祐貴さん、ＰＴＡ役員の二瓶陽子さん、科学ジャーナリストで鳥博士の柴田佳秀さん、食育に取り組む一般社団法人役員で、社労士の柳原慎也さん、テーブルマナーや飲食店企画の大瀬由生子さん、飲食店経営者であり、東葛六市レストランサミットの鈴木秀一さん、ベーグルの石井祐子さん、学生の池野真史さん、大学図書館勤務の所英明さん、高齢者のコミュニティを立ち上げる槙慎吾さんのほか、料理人、教員、食品メーカー社員、食のブランドイメージを促進する市役所職員や高齢者のコミュニティづくりに関わる市役所職員など本当にたくさんの人が参加してくださった。

そして、少ない人数での企画・運営だったが、一緒に準備をしてくれた仲間たち。参加者を含めこの中の誰一人が欠けても、「フューチャーセンター」は成り立たなかったのではないかと今は感じている。

プロジェクトを通した学び

「なぜ、貴重な時間を使って、自分の知識や経験、資源を共有しなければならないんだ?」

この疑問に対しては、私たちには三つの答えがある。

一つ目が、ＰＲのため。

講師や会に参加することで自己ブランディングや情報発信ができる。出会いのチャンスも広がり、ネットワークが生まれる。

二つ目が、社会貢献や社会的責任。

まちを盛り上げるため、あるいは、知識教養のある人間の責任としての行為だと考えている。

三つ目は、学びを得るため。

一つ目のＰＲは自己の利益につながる。二つ目の社会貢献には慈善の側面がある。これに対し、三つ目の学びは、人間の根本的な欲求を満たすもの。と私は考えている。まちなかカレッジが、まちづくりや福祉活動というよりは、教育活動であるという所以である。

「食のフューチャーセンター柏」は、地域の課題解決に向けたプロジェクトを通した学びである。このプロジェクトを通した学びとは、キルパトリックによって提唱された課題解決型学習のモデルであるプロジェクト学習をモデルにしている。社会変化が激しく、多様で答えが一つではなく、他者との協働が必要な時代、このような学びは、これからの教育の流れであろう。

今回開催した「食のフューチャーセンター柏」は、地域の課題解決に向けたプロジェクトを通した学びであり、まちなかカレッジのエッセンスのつまった活動といえるだろう。

一体何者なのか
説明責任が生まれる段階に

活動が具体的になってくるにつれ「このフューチャーセンターなどと名乗っているグループは、一体何者なのか？」といった声が聞こえるようになってきた。

グループの内部でも、新しい仲間に自分たちの活動を説明しなければならない時、どのように説明すればよいか、いまいちわからない。そんな声も聞こえてきた。

これまで心意気で通じ合っていた気になっていたが、それではダメな段階にきていた。

「そもそも、この会の目的は何か？」「対象は、誰か？」「つながりやコミュニティは必要なのか?」「柏まちなかカレッジ・フューチャーセンター『食でつながる社会』という名称が長くて、伝わりにくい」……そんな声が、全体のミーティングであがった。

他団体とも話し合いを持った。東葛六市レストランサミットは、東葛地域のシェフが、自分たちの技術を活かし、小学三年生を対象に味覚育てる食育の授業を提供している。特にこの東葛六市レストランサミットは、私たちとメンバーが重なり、活動内容も似ている。一歩間違えば、周囲に混乱を招いたり、互いの活動を邪魔し合ったりするおそれもある。お互い地域のために良かれと思って活動しているし、顔も見知っている。だからこそ、邪魔し合うという事態になることは避けたい。

東葛六市レストランサミットは、シェフという専門性を活かした食育の活動。私たちは、地域のネットワークを活かした社会参画を促す活動。お互いの立ち位置を確認することで、むしろ協力して相乗効果を生みたいと話し合った。

その後、ほかの食に関わる団体の関係図や連絡先一覧を作って、連携を進めていこうというアイディアも出た。現在、柏まちなかカレッジが、東葛六市レストランサミットの食育授業をアシスタントするボランティアを呼びかけるなど、協力が始まっている。

自分たちの思いを表現する

ある時、食育チームリーダーの二瓶さんとツイッター上でアメリカの食を改善する活動を行っているジェイミー・オリバーがTEDでスピーチした話になった。

「私たちも、ジェイミー・オリバーみたいにTEDでスピーチできるようになるといいですね」

私は、その言葉で食のフューチャーセンターのプロジェクトの中間発表を行い、そこでリーダーにスピーチしてもらおうと考えた。スピーチやイベント風景を材料に動画を制作して発信していくのだ。この取り組みには、長井さんの友達である「TED × seeds」の伊藤博雅さんに関わってもらった。

中間発表を行う場所は、カッコいい場所がいい。そんな時に出会ったのが、柏市都市振興公社の森山さんだった。彼は、あけぼの山農業公園

リーダーたちによるTEDのようなスピーチ／撮影 辻義和

運営や食に関わる取り組みへの知識や人脈を深めるため、食のフューチャーセンターに参加された。その森山さんから、UDCKという会場を使っては？　そうご提案を頂いた。UDCKとは、柏の葉アーバンデザインセンターといって、東京大学の都市計画家・北沢猛教授が提唱した公民学連携のセンターである。市民を巻き込んだまちづくりの拠点でもあり、フューチャーセンターの会場にふさわしい。早速、会場をお借りするお願いをした。

中間発表に合わせて、チラシとホームページを作成したい。ここは、ブランディングチームの山谷勝さんの出番だった。山谷さんは、ご自身も参加されているクリエイティブグループのLillyに協力を要請した。このLillyとは、柏を拠点としているクリエイターの集まり。私と義兄弟とも言われているカズ君こと、山下和宏さんが主催している。ここでも、柏の層の厚さを思い知った。

そして、肝心のスピーチである。食のフューチャーセンターの説明をする私、具体的に動いているプロジェクトを進めている食育チームの二瓶さん、コミュニティ食堂チームの所さんのスピーチを、TED×seedsの伊藤博雅さんに何と、サンフランシスコの空港からご指導頂いた。向こうの時間は朝の六時前。本当にありがたかった。

まだまだ、たくさんの方の助けを得ている。一つのイベントで、地域がつながっていくことを実感しながら準備を行った。

リーダーを支えるチームメンバー

食育チームは、二瓶陽子さんがリーダーを務めている。柏市十余二小学校でPTA役員をされ、役員を辞任後も小学校を支える地域ボランティア「十余二わくわく会」でも役員をされている。東大サイエンスエデュケーションラボの大学院生を紹介して下さったのも二瓶さんだった。また、小学生児童保護者として、柏市の健康推進委員も務めている。

二瓶さんは、「食のフューチャーセンター柏」に参加し、仲間と出会い、十余二わくわく会で「マザーズカフェ」を立ち上げられた。食のフューチャーセンターに関わる仲間たちの力を募り、小学校の教育に活かせるような環境整備を行っている。第一回目は、養護教諭から歯の話、アロマなど代替医療の先生を務める小林結記さんにアロマ入りの歯磨き粉作り、フードコミュニケーターの森脇菜採さんに地域の農家の魅力についての話を、小学校の保護者に聞いてもらう集まりを企画された。森脇さんは、新規就農された今村さんと細渕さんの畑で取れた野菜をお弁当にしてくださった。そして、その今村さんと細渕さんにお越し頂き、生産者から直接、野菜に対する思いをお聞きすることが出来た。

万事順調に活動が進んでいる二瓶さん。実は、以前は「才能や経験、社会的影響力のある方がチームに沢山いるのに、私なんかがリーダーでいいのだろうか?」と悩んでいたというお話をお聞きした。

そんな時二瓶さんを支えたのが、同じチームのメンバーの石戸義行さんだった。石戸さんに、二瓶さんはリーダーとしての悩みを打ち明けた。一通り二瓶さんの話を聞き、石戸さんはこう言ったそうだ。

「僕は、たしかに経営者として、食に取り組み、社会的に影響力があるかもしれない。でも、子育ては、ちゃんとやってきたかどうか自信はないし、子育てや家庭での食となると、二瓶さんにはかなわない。二瓶さんは、お母さんのプロじゃないですか」。

二瓶さんは、石戸さんの言葉に涙し、その後、リーダーとして活動を続けることが出来たのであった。

コミュニティ食堂チームに舞い込んだ事業

コミュニティ食堂チームは焦っていた。食育チームはきっかけを逃すことなく、プロジェクトを進行している。一方で、自分たちは話し合いがまとまらないまま、時間ばかりが過ぎ去っている。

このチームのメンバーについてだが、リーダーの所さんは、関わりのある日本橋学館大学の食堂をコミュニティ食堂にしたいと考えており、まつげエクステの店や美容学校を経営している浅野美紀さんは、美容やアンチエイジングの立場からグリーンスムージーなど体にいい食事を提供するような世代間交流を促すコミュニティカフェをつくりたいという。自主夜間中学に関わっている山田浩司さんは、多様でインクルーシブな共生社会を実現するための居場所づくりを実現したい。新規就農した川井満さんは、農業生産者とまちをつなぐ拠点をつくりたい。そんな思いで集まっている。

頻繁にチームミーティングを開き、侃々諤々の議論は交わされるが、

コミュニティ食堂チームのメンバー／撮影 辻義和

話がまとまらず、動けない状況が続いていた。

まずは、何かしら活動することで、人や地域を巻込むことにつなげよう。と、柏駅前に新設されたウッドデッキで、オープンカフェを開いてみるアイディアが話し合われた。そんな時、柏駅東口に中央商店街連合の佐藤和裕さんから「国土交通省の社会実験として、柏駅前ウッドデッキでオープンカフェの運営をやってみないか」という話をいただいたのだった。

このオープンカフェ、デジタルサイネージを活用するというものであった。コミュニティ食堂チームが、社会実験事業を実施できるかという不安の声も当然あった。

労力はかかるが儲かるわけでもない、リスクもある。それでも、いいチャンスととらえ受けることとなった。

こうして二月一日、三日、五日、九日、一七日の五日間、柏駅前ウッドデッキにてオープンカフェを開催した。この取り組みは新聞にも取り上げられた。さまざまな背景を持つチームメンバーが、協働して一つのプロジェクトを成し遂げたというのは、大きな自信につながっただろう。

地域がつながる

食のフューチャーセンター柏は、二〇一三年六月で一年を迎えた。いままで「食」という共通のテーマを掲げ、地域が協力し合って、より良い地域社会を目指したプロジェクトに取り組んできたが時に「一年間、何をやってきたのだろう?」と弱気になることもある。

確かなのは、地域でのつながりが生まれたこと。地域の中の組織やキーパーソンたちが、今では当たり前のように連携しているが、一年前には当たり前ではなかった。食のフューチャーセンター柏が、地域のプラットフォームとなり、「つながり」を整備してきた証だ。

強い思いはあっても、どうしてよいかわからず、行動に移せなかった人が、今では、行政や企業や学校などとプロジェクトを実施している。

私たちは、オランダのフューチャーセンターから得たものを活かしてきたつもりだ。しかし、実際に運営してみると、基本的なことを地道にコツコツと実践していくことの積み重ねだったように思う。話合い、実

オープンカフェ開催。所リーダーの頑張りに、多くの協力者が参加

行し、振り返り、また実行していく。そのサイクルが、柔軟で、スピーディーなのだ。

自分たちの活動を評価し、説明していかなければならないという課題を抱えるようになった時に、ちょうど小峯利彦さんが仲間に加わった。小峯さんは、「知的資産経営報告書」を作成して事業価値を高める中小企業支援をお仕事にされている。食のフューチャーセンター柏でも、数字では表現できない「つながり」を説明するために、知的資産経営レポートを作成することになった。

活動に不満を持つメンバーもいたし、運営スタッフも対応しきれないところがあった。この活動のほかに、各自が仕事や生活を抱えている。雇用契約で結ばれた企業などの組織と違い、それぞれの心意気で結ばれた、ゆるやかなチームがどのように展開していくかは、これからの働き方に影響を与えていく先進事例となると思う。

食のフューチャーセンター柏は、まちなかカレッジから立ち上がったものだが、今では独立し自立した活動となった。まちなかカレッジは、事業を囲い込んだりしない。まちなかカレッジの支援がなくても、羽ばたいていく事業が増えていくことをむしろ望んでいる。

全体ミーティング風景。一周年と長井さんの誕生日が重なり、お祝い。家族的な雰囲気。／撮影 辻義和

撮影／山本智晶

おわりに

柏まちなかカレッジでは、「まちカレ全国サミット」を開催したいと考えている。まだ三、四年間の活動の私たちだが、さまざまな縁のおかげか多くの方が見学に来られ、自分の地域でまちなかカレッジのような活動を始められる方も増えてきた。

私たちもほかの地域を見学に行き、勉強させて頂くことも増えている。全国に目を向ければ面白いことに取り組んでいる団体は本当に多い。

まちなかカレッジの設立や運営にノウハウはない。設立者の思い、運営メンバーや地域の特性によって、それぞれのまちなかカレッジの文化が生まれてくるものだ。そんな地域文化を味わうサミットにしたい。

二〇一三年四月に、"We Build Greencities Portland Conference"に、柏まちなかカレッジも共催として関わった。コンパクトシティや環境先進都市といったまちづくりで有名なアメリカ合衆国オレゴン州のポートランドの都市開発局、NPO、経営者たちが来日し、自分たちの経験をシェアしてくれた。これを単なる講演会やシンポジウムで終わらせるのではなく、神戸モトマチ大学、丸の内朝大学、柏まちなかカレッジといった有志が集まり、草の根からの交流するほうがポートランドらしいというのだ。このカンファレンスでも、国内のカレッジと関わりが生まれた。そういった輪を、これからも広げていきたい。

マリの大使に提案した「アフリカの途上国で、まちが教室で、まちの人を先生に立て、学び合う」ことは、今でも温め続けている。二〇一三年三月に、私はバングラディシュを訪れた。マリ大使に提案した内容を、バングラディシュの世界銀行やJICA、BRACなど各所でお話ししたところ、重要な提案だと評価してもらった。実際に事業化してみてもいいのではないかと言ってもらうこともできた。

まちなかカレッジが、世界にも広まり、草の根の教育から社会を変える原動力となれるよう力をつけたい。世界中で、スタッフや参加者同士の交流が始まることを夢見ている。

私の究極の目標は、まちなかカレッジが、自然消滅することだ。

「柏のまちに来ると出会いがあるよね」

「柏のまちに来ると、自分の考えが深まるよね」

「柏のまちに来ると、困っていたことも解決するよね」

お互いの話や経験を尊重し、自分の存在が認められ、生きていると実感できる。対話が定着し、社会の課題に建設的に取り組む文化や、人生を深める場が、まちなかに広がっている。まち全体が学びの場である。

まちなかカレッジ企画運営委会議が、講座やイベントを開催しなくても、カフェやストリートでは、自然に対話が始まっている。それが、あまりに自然すぎて、柏まちなかカレッジが存在したことすら忘れられてしまう。

二十年後には、そうありたいと願っている。

最後になりましたが、これまで、多くの方々にご指導とご協力をいただきました。紙幅の関係上、すべての方々を挙げることはかないませんが、お力添えを頂いた方に、ここで感謝の辞を述べさせていただきます。

柏まちなかカレッジも、おかげさまで、二〇〇九年に始まって四年が経ち、五年目を迎えます。固定した教室や校舎・事務所を持たない、有名な先生や有給の先生や事務員はいない。まち全体が教室で、まちの人すべてが先生。

こんな方針で続けられるのも、会場を提供して下さり、講師やスタッフをボランティアで引き受けて下さる方々のお蔭です。本当にありがとうございます。

教室として会場を提供してくださったみなさまに。
カフェ・マ（磯野晃一さん）、M's Bar（村井真也さん）、ハナオ・カフェ（波多野敦さん）、Moora Moora（宮井真さん、真野陽子さん）、PORCH（成瀬岳史さん）、66（ダブルシックス、大嶋秀昭さん）、Kuhra-Hair（クーラヘア、倉持健二さん）、RAD MUSIC（瀬戸さん）、カフェ・ナノ（加藤さん）、比嘉さん、柏市大室地区の農家のみなさま。サス塾（現・ネクスファ高柳校、杉浦正吾さん）、ハウディモール、柏駅前通り商店街さん、アイランドさん、ハックルベリーブックス（奥山恵さん）、柏美術学院（寺前好人さん）、極楽湯（松尾さん）、コクリコ（石塚さん）、ダイニング・カフェ・AZITO（山本さん）、カフェ・ド・カナリア（佐藤忍さん）、Gallery Café PLUM さん、ネクスファ（辻義和さん）、コミュニティスペース和み（馬場淑恵さん）、YOL CAFÉ FROSCH（油原さん）、どんぐり地球センター（福島さん）、ストリームヴァレー（池田雅之マスター）、ageless（浅野美紀さん）、Animalia

（西原亜紀さん）、iii3（田中庸介さん）、野田郷土博物館（佐藤正三郎さん、田尻美和子さん）、柏コミュニティカレッジ（芦川哲男さん）

最初に開催する時、まだ実績もなかった私たちに会場をお貸し頂き、応援してくださった千葉県立東葛飾高等学校に。

設立のきっかけとなる講座を開催してくださった柏市市民活動センター。ミーティングや印刷機でもお世話になっています。

温かく、時には厳しくご指導を下さりながらも、応援してくださった柏のまちの先輩方。新しい活動に対し、「出る杭を打つ」のではなく、引き上げていこうという柏の雰囲気に感謝しています。

ご理解を示していただき、商店街のイベントにも参加させて下さった小柳満雄さんをはじめ、柏駅前通り商店街のみなさま。

柏の中で活動する基盤を作ってくださった「アートラインかしわ」のみなさま。

設立時以上に、ますます豊かなアイデアで企画し、規模を拡大し、まちに根付いていった「本まっち柏」を運営する本活倶楽部のみなさま。

今まで柏まちなかカレッジで先生をつとめて下さった多くのみなさま。

日時などの詳細が分かりにくい講座にもかかわらず、口コミを信じ、生徒として参加くださり、対話に加わってくださったみなさま。

そして、私の恩師。まちなかカレッジの着想を得ることができたのも、大学時代に歴史学を学び高校で教員を勤め、大学院で教育学を研究したおかげです。外園豊基先生、村田安穂先生、藤井千春先生、そのほか、早稲田大学教育学部の先生方。東葛飾高校にて、歴史への道を切り拓いてくださった坂井先生、矢作先生。教育について考えるきっかけを与えて下さった東稔義治先生。転校してきた私に目をかけ、校長室でリンカーンやケネディの演説を教えて下さった蔵元等先生。そして、書籍や論文を残した過去の教育者や研究者のみなさま。

オランダの教育を伝えてくださったリヒテルズ直子さん。

フューチャーセンターを立ち上げるにあたり、ご指導いただいた荒井恭一さん。オランダのハンク・キューン（Hank Kune）さん。

世界への視点を開いて下さったJICAのみなさま。バングラディシュにて、熱い思いを交わした世界銀行の池田洋一郎さん、バングラディシュの子どもたちのために命を懸けていると感じたエクマットラの渡辺大樹さん。

忙しい中、自分の時間を割き、ボランティアで支えてきてくれた柏まちなかカレッジ企画運営会議のメンバーに。福島毅副学長、徳永幸一郎総務部長・会計、山田理恵子編集長、松清智洋初代事務局、行政翔平二代目事務局、高木貴子監事、沖本由季監事（元・会計）、鈴木洋輔さん、杉浦俊さん、梅木かつみさん、槙慎吾いきいきシニア部長、河田蒼さん、岩見周介さん、岩堀未来さん、東嗣了さん、升谷友樹さん。会計士のＦさん、弁護士の渡辺徹志さん。

そして出版を引き受けてくださった、水曜社の仙道弘生社長。執筆から編集までご協力いただきました福島由美子さん。企画をお話ししてから執筆まで、長い時間が経ったにもかかわらず、辛抱強く待って頂き感謝しております。

教育学研究の調査で、春日井市を訪ね、かすがい市民文化財団の方から、水曜社の二冊『ビジュアル自分史　手帳は語る。』と『まちづくりオーラル・ヒストリー』をご紹介頂きました。「人々の経験を語る」場であるまちなかカレッジの構想に生かされています。

写真を提供してくださった辻義和さん、おだゆき乃さん、嶌原佑矢さん、山本智晶さん、末吉操さん。

本まっち柏で出会い、本書のデザインを担当することになった山中健雄さん。

自由に生きる私を見守り、いつも応援してくれた父と母に。私を支えてくれる妻に。

「教育とは何かを」身を持って教えてくれた勤務校での教え子たち、同僚の先生方。

ここまで私を支えて下さっている多くの方々に深く感謝します。

プロフィール

柏まちなかカレッジ学長。柏市議会議員。

元高校教諭。学校教育だけでは解決できない課題に直面し、議会から地域から働きかけてきた。「教育のまち」を目指し奮闘中。

一九七八年四月生まれ。千葉県立東葛飾高校卒業。早稲田大学教育学部卒。同大学院修士課程修了後、土浦日大高校にて教諭。早稲田大学大学院教育学研究科博士課程を単位取得後退学。

草の根からの教育改革を目指す地方議員ネットワークである一般社団法人　教育共創研究所　代表理事。

教育コンサルタント山下洋輔事務所　代表。

趣味・特技

歴史散策、剣道（三段）、絵画、カポエィラ、三線、バイク、ジャズ鑑賞

撮影　青野千紘

資料 講座報告集

柏まちなかカレッジ

（二〇〇九年十一月から二〇一三年十月）

講座開催数　百四四回
会場数　四八カ所
講師数　約九五名
延受講者数　二千五百名

1 「模擬裁判……裁判員裁判を体験しよう！」

講座概要

千葉地方検察庁の協力のもと、東葛飾高校の「東葛リベラルアーツ」教養講座に、柏まちなかカレッジがジョイント企画という形で参加させていただきました。

今回、実際に裁判員裁判を体験してみたい市民の方（成人）を募集し、さまざまな世代の方と高校生が一緒のテーブルを囲み、八人ごとに、四班に分かれて、有罪か無罪かを話し合いました。微妙なところで、どの班でも意見は真っ二つに。

その後、班で話合われた結果を、全体に発表しました。

スタッフ感想

「四月から多くの会場を回ってきたが、こんなにも幅広い世代の人が、同じグループで話し合うということは、今回が初めて」「半々に意見が分かれていた」。こんな講評を、千葉地方検察庁の広報担当の方からいただきました。話合いでは、お互いの意見をよく聴き、さまざまな視点から検討されていた。

教頭先生からは、年代や職業・立場が幅広かったので、いろんな視点からの意見が出て、勉強になったという感想をいただきました。被告・原告からの説明に出て来たお札の持ち方、封筒へのお金の入れ方、金銭感覚、距離や時間の感覚など、自分の周囲では常識と考えられることが崩されていったようです。

高校生、主婦、会社員、大学院生、ネットショップの社長、画家、教員……。多様な人間が集まったものです。

2 「交渉体験——法律家の交渉術を体感」

講座概要

この春に法科大学院を修了し、この秋に司法試験に合格された渡辺徹志先生に、大学院で学ぶロールプレイを、柏まちカレで紹介していただきました。

まず、自己紹介。次に、社会行為はほとんどが交渉であることを確認します。そして、大学サークル内で文化祭の企画について話し合うという設定で、参加者は三学年に分かれて話合いました。何を根拠にして議論を組み立てるか、相手や自分の価値観は何か。合意形成に向けた代替案の出し方や駆け引きなど、振り返ってみると多くを学んでいました。

第二回は、新しい事務所に移ろうと考えている弁護士と弁護士事務所との契約の交渉をするという設定で、参加者は二手に分かれて話合いました。自分の合意できる最低条件を設定し、代替案の出し方や駆け引きなど、振り返ってみると多くを学んでいました。その業界の相場を知る、ふっかけ過ぎた場合は反発を買うなど、論理だけではない人間相手の交渉を体験できました。

渡辺先生は、最初の説明をしたほかは、多くを語りません。法律用語も使いません。しかし、参加者同士で話し合わせて、気づかせる。参加者同士の学び合いをモットーとする柏まちカレらしい講座にして下さいました。

スタッフ感想

今回は金曜夜の二十二時から開講という驚きのスタート時間でした。これは、都内で働いている方にも、参加して頂きたいという渡辺先生と柏まちカレの希望から、この時間に設定したものです。仕事を終えた二十代~四十代のメンバーが集まりました。これも、会場を提供して下さったポルチさんのご協力のお陰です。

多くの方から、単なる飲み会だけではなく、自分を高めるために参加したとの感想を頂きました。そして、若い人の間でも、地域でのつながりを大切にしていきたいという機運が盛り上がっていることを実感した夜でした。

3　クリスマス準備企画「アロマキャンドルを作りましょ☆」

講座概要

参加者は、家でアロマを焚いたり、ハンカチにつけたり、何かしらアロマに興味のある方々が集まりました。小林弘美先生は、筑波大学医学群看護学類の大学生。㈳日本アロマ環境協会アロマテラピー検定一級を取得されたのは、看護の勉強の一環と聞き、あらためてアロマテラピーの効果を知りました。ろうそくを砕き、温めて溶かし、クレヨンのかけらで着色し、アロマをたらし、型に流し込む。型は卵の殻。キャンドルの台座を紙粘土で作成し、クリスマスの飾り付けを施しました。

スタッフ感想

実際に、数種類のアロマの匂いを嗅がせてもらい、その効果についても話し合いました。各々、自分の目的にあった匂いを選び、クリスマスの過ごし方を夢見ながら作っていたようでした。わきあいあいとしながらも、時には会話もなくなるくらいの集中力が印象的でした。

会場は、十月十日に開店した子ども専門店「ハックルベリーブックス」。素敵な雰囲気の中、小学生の図工の時間にタイムスリップしたかのようにキャンドル作りに取り組むことができました。

4 「古地図を持って歩こう！　柏の戦争遺跡を学ぶ」

講座概要

フィールドワークで地図を持って歩くことは、知識と体験が結びつく有効な学習形態です。何より「体験」に勝るものなし。学校や文献では所詮疑似体験にすぎないことも自信の身体で味わって頂きました。

今回は、古地図と現在の地図を比べながらの「戦争遺跡」をテーマにフィールドワーク。途中、鯉や水鳥を観察でき価値ある副産物を多く得られたことは新しい発見だったと講師の小関勇次さんがおっしゃっていました。

スタッフ感想

快晴とはいきませんでしたが、十一月下旬としてはうららかな日差しのもと、柏の葉公園を予定どおり出発し、目的地にもほぼ予定どおりの到着でした。

歩き疲れたところでうなぎをごちそうになりました。実は、あらかじめ、小関さんが頼んでいてくださっていたという話を後日聞き、二度感動。柏の今、昔を地図という切り口で立体的につかめた楽しい経験でした。

5　対話によるコミュニケーションスキルアップ（東葛リベラルアーツ共催講座）

講座概要

東葛飾高校の東葛リベラルアーツ講座と柏まちなかカレッジとの共同開催という形で、「対話によるコミュニケーションスキルアップ」講座を行いました。参加者は、東葛飾高校生徒+保護者（参加生徒の保護者とは限りません）＋一般市民という構成で四十二名でした。

コミュニケーションは四人が一つのテーブル席につき、テーブル上には模造紙を引き、ワールドカフェ形式で行いました。参加者の多くが、ワールドカフェを初めて体験するということで、スライドを使って丁寧にやり方を説明し、五分間の自己紹介から始まり、五ラウンドのカフェを行いました。問いは、「あなたの何が、あなたをこの場に連れてきたのですか？」「いままで受けた教育の中で、素晴らしかった場面は何ですか？」「これからの人生で本当に学びたいことは何でしょうか？」といったものを設定しました。

ワールドカフェの後は、二分間の沈黙ののち、本日のワークで大切にしておきたい気づきをそれぞれ付箋に書いてもらい、模造紙に貼ってもらいました。講座終了後、懇親会兼振り返りをしました。保護者と一般の方が残ってくださり、貴重な意見をくださいました。また、開いてほしいという意見も多数あり、来年の企画に反映させていきたいと思います。

スタッフ感想

学校の中の机はスクール机か長机しかなく、くつろいだ雰囲気での対話が難しいため、ガーデンテーブルをこの日のために購入しました。結果、街にあるカフェのような雰囲気をつくることができました。高校生ともなると照れがあるのか家庭内で親子でじっくり話をする機会は減るでしょう。そんな中で、テーマに沿って時間をかけてゆっくり対話する機会が持てたことが良かったという感想が生徒・保護者から多数寄せられ、対話の場を設定した側としてはうれしく思いました。また外部からファシリテーターを募ってやったり、生徒にファシリテーターをしてもらうという試みも考えたいと思います。

6 「みんなでつくろう！手賀沼今昔物語」

講座概要

地域の魅力を引き出す。そのためには、その地域を好きになること。好きになれば、その地域に誇りを持つ。誇りを持てば、それを守ろうとする。そうすると、地域を良くしていこうとする動きが出てくる。

では、その地域を好きになるにはどうすればよいか？　好きになるには、関わりを持つことが重要。ふだん、慣れ親しんでいる手賀沼の意識していなかった部分を、客観的に見つめることで、新たな魅力を発見する。

この回では、まちカレらしい対話で、参加者の手賀沼にまつわる思い出を分類し、手賀沼のこれからを考えました。

スタッフ感想

堀野哲先生が、実は参加者の中で最年少。しかし、大学で専門に研究していることを、実践に活かしてくれました。アカデミックな分野では教える立場ではなくても、一般の方々にわかりやすく説明することで、先生自身の成長にもつながる。まさに、まちカレの原点です。

会場を提供して下さった地元の杉浦氏もゲスト参加し、ご自身の思い出や専門である環境コミュニケーションについて語って頂くなど、深みのある対話となりました。

「手賀沼今昔物語は、沼南で決まる。柏と沼南の意識的な壁を壊そう！」という意見が出ました。会場は、沼南の高柳。十一月には手賀沼散歩。柏まちカレも、積極的に沼南に関わっていきたいです。

※沼南町は、二〇〇五年三月二十六日に柏市に編入されている。

7　七夕特別講座「出会いの予感!?　TANABATAサルサ☆ナイト」

講座概要

残念ながら、雨に降られた二〇一〇年の七夕。

南柏のM's BARでは、アルタイルとベガならぬ、二十代～三十代の男女十名が、やや緊張した面持ちで集いました。

サルサって何？

そんな疑問にも、親切に答えてくださったASKA先生の、優しく丁寧なレッスンを受けるうちに、受講生たちは次第に表情も和らぎ、親しげに言葉を交わし始めます。

ちなみにサルサとは、南米発祥の男女がペアで踊るセクシーなダンスです。

スタッフ感想

ベイシックステップを十分で身に付けた受講生たちは、戸惑うことなく手を取り合い、微笑み合ってターンや新しいステップに挑戦！

一時間後には、みんな一端のサルサダンサーとなり、自由にフロアで踊り、また、語り合っていました。

サルサの魅力に囚われたスタッフは、今後も定期的にサルサイベントの開催を、画策しているとかいないとか……。

8 「ドシロ〜トJAZZ（第１回）」

講座概要

ジャズとは何か？

かなり難しいテーマだが、この講座ではその難解なテーマに挑みつながら、演奏と軽快なトークで受講生をリードしていく。いきなり演奏で始まり、「この曲を吹いていたリー・モーガンという人は、女性に撃ち殺されたんです」と人物を語るといった具合に、ジャズの豆知識が随所にちりばめられていた。ソプラノサックス、テナーサックス、バリトンサックス、アルトサックスを間近で見て、音の違いを確認。ジャズの名盤八枚を紹介しながら、解説や演奏をする贅沢な時間。リズムの楽器としての役割からオクターブ奏法などギターの変遷も奥が深かった。

スタッフ感想

開始前の自己紹介から、受講生の熱意が伝わってきました。一人の方は、「ケーナ」といった竹の笛を鞄から取り出し、吹いて下さりました。その一方で、会場の66での食事の美味しさにひきつけられている受講者も。

バリトンサックスは初めて実物を見ました。レコードの裏面にある演奏者を見て、「ｔｓはテナーサックスなんだよ」と知った気になっていたが、実際に楽器の形、音、その特徴を聴くことができました。「アドリブはどうやったらできるのですか?」という質問に、講師二人は持論を熱く展開されました。この内容は、次回からも詳しく語って頂けるようで楽しみです。

「ドシロ〜ト JAZZ（第二回）」

講座概要

プレイヤーの経験とテクニックの塊のようなお題を講師（瀬戸寛郁さん、猪越尚平さん）が見事にライブとトークで伝授。言って見せて、聞かせて見せての豪華な講座でした。実際の生での演奏とジャズのエッセンスの詰まった資料を基にドシロ～トでも充分理解が出来るくらい易しく、それでいて通も、うなずける充実した六十分でした。

スタッフ感想

メロディーをプレイヤーがアレンジして変えていく、例えば誰もが知っているメロディーが全く違うものにアレンジされてゆくように、コード進行に則りながらプレイヤーの感性がアドリブというアレンジで見事に表現されるジャズの醍醐味を味わえる講座でした。

かくいう私はジャズのまったくのドシロ～ト。それでもジャズのすごさ、魅力、奥の深さがうかがえる講座でした。

講師のライブでのサックス・ギターのプレイはそれ自体が圧巻でした。そこにプラスジャズの知識が講座として加えられ、プレイしている姿と音がいつもと違って映り、聞こえました。

「ドシロ～ト JAZZ（第三回）」

講座概要

第三回目のテーマは、「ジャズとは何か？」。

「フリー」とはジャズなのか？　そのほか、ファンク、フュージョン、ボサノバ、ロックなど異ジャンルとの融合について説明してもらいました。そして、よく受ける質問である「理論とセンス」について、プレイヤーだからこそ言える話をしていただきました。その他日常の仕事や勉強に置き換えたりしながら、意見交換もしました。

一瞬のひらめきも、日々の練習があってこそ。そんな、人生の基本まであらためて学ぶことができた一日でした。

スタッフ感想

ドシロ〜トJAZZでは、全三回で三十枚のアルバムを紹介してもらいました。「これからジャズを聴いてみようと思ったところ、講座を見つけました。どのCDを聴いていいのかもわからずにいたので、助かりました」と参加者の方から感想を頂いています。

毎回、先生方の生演奏を聴くことができました。最終回は、サマータイム。ソロ奏者への拍手やアンコールのリクエストなど、みなさんジャズに慣れ親しんだお客さんのようでした。

ジャズのことを何も知らなかったドシロートから、愛好家へと成長していく過程を見ることができ、先生方もやりがいのある講座であったようです。

9　東葛イブニングカフェ「手賀沼を知る・遊ぶ〜身近な生物を知ろう」

講座概要

前回に引き続き、今回も東葛高校の高石哲男先生を講師にフィールドワークを行ってもらいます。先生を含め全七名で手賀沼周辺を探索。前回から約一ヶ月経って、植物や昆虫などの生物がどのように変化したかが、今回の探索テーマの一つ。小さな幼虫だったものが成虫になっていたり、日照時間などの変化により植物の分布が変わっていたり、僅かな期間でも自然は大きく変化することを、参加者全員で体感。更に、例え見つけた生き物の名前や詳しい情報を知らなくとも、似たような生き物を比較してみるといった観察を楽しめるポイントも伝授していただいた。

スタッフ感想

前回見れなかった生き物がいたり、前回は小さかったクモが大きくなり、巣も大きくなっていたり、咲く花や葉の茂り方など植物の状態も全く違っていて、一ヶ月の変化がいかに大きい事かを実感。途中、遊歩道を白鳥の親子に占拠されるというハプニングもあり、とても楽しい時間を過ごしました。

それにしても、高石先生のバッグからシャーレとルーペが出てくるという一幕はもしかして実験用具一式が入っている？　ついそう考えてしまいたくなる回でした。おかげで、全員がじっくりとクモの体を観察できました。

また、今後もフィールドワークや、参加者全員で生き物を育てる、そんな次の講座を考えていますとの高石先生の言葉に、楽しみにしていますと話していた参加者の笑顔が印象的でした。私も、またぜひ参加させていただきます。

10　心身リフレッシュシリーズ第一回「リンパセラピー」

講座概要

リンパをマッサージすることで体の老廃物の代謝を促します。特に鎖骨の左側辺りにあるリンパには体の三分の二のリンパ中の老廃物を代謝させる作用があるらしく、今回はこの鎖骨周辺をやさしくマッサージをする講座を開催しました。リンパマッサージの仕組みと効果それからマッサージの方法を二人一組となり、講師の見本と説明を聞きながら実践しました。やさしいヒーリングミュージックをＢＧＭにリラックス効果と体の代謝を促します。

スタッフ感想

今回の講座では、講義を聞きながらマッサージを受け、かつ自分でもそのマッサージをしてあげる側にもまわれる、非常に有意義な講座でした。普段ではマッサージを受けることはあっても、なかなかマッサージをしてあげる側にはならない。知識がないとできないものですが、今回の講座ではそれを分かりやすくレクチャーして下さいました。マッサージを受けた後には、リラックス効果はもちろんのこと、実際に顔が引き締まった、首が細くなった、目がキリリとした、視界が良くなった等、明らかに効果が目に見えて現れるのには驚きでした。

心身リフレッシュシリーズ第二回「ハンドリフレクソロジー」

講座概要

二人一組で手のひらにある反射区という、つぼのようなものをやさしくマッサージしてリッラクス効果・代謝効果を高めます。

講師の中野善子先生の指導のもと、特別な技術も必要なく初心者でも十分に楽しめる講座でした。手のひらには足の裏と同じくらい身体全体に作用する反射区があるのには驚きで、指先から手のひら、腕、肘まで先生の特性オイルで丁寧にやさしくマッサージをしました。講座終了後にはデットクス効果があるのでマッサージ後には常温~温めのカフェインレスの飲み物をのんで頂きます。ゆるやかな感じのＢＧＭのなか、ゆったりとした楽しい時間があっという間に過ぎました。

スタッフ感想

リラックス効果や代謝効果があるのも非常に興味深いですが、ハンドリフレクソロジーを介してコミュニケーションがとれると言う気づきもありました。子供からお年寄りまで幅広く手軽に、そして効果的に実践できると思います。

遠方から来てくれた方、親子で参加して下さった方、お年寄りに喜ばれるのではないかと思って、と参加して下さった方、等など、講師の中野先生の親切なご指導もあってとても和やかな雰囲気の中講座が進められました。講座が進むにつれて受講者の皆さんがリラックスし、少しづつ笑顔が現れてきたのが印象的でした。

11 「対話空間in柏」

講座概要

カフェ的な雰囲気で、さまざまな人が対話をしながら知恵を出し合うワールドカフェが注目され、近年、企業やＮＰＯなどで行われるようになりました。東京中心で行われていたワールドカフェを今回は、柏にもってきました。二時間という時間の中で、「心地よい空間（職場、家庭、コミュニティ）を創造するには」というテーマで、参加者が四テーブルに分かれてワールドカフェを三ラウンド行いました。

初めてなのに、いきなり深い話に入っていくことに参加者の皆さんも驚かれていたようです。きっと、参加者の皆さんがそれぞれ、実りあるハーベスト（結果の刈り取り）をされたことと思います。

スタッフ感想

今回は、ワールドカフェの手法を体験していただき、対話の面白さを実感していただくことを目的として行いました。

「初めてワールドカフェに参加し、普段話せない人とコミュニケーションが取れたのが刺激的でした」「最後のフリートーキングの時間がもっと取れたらよかった」「進み方のテンポがよく、お店も素敵で食事も良く、いい空間だった」といった参加者の感想がありました。テーマを設定しないフリートークの時間をもっと取れればよかったというのは今回の反省点です。いずれにしても、話し合う皆さんの真剣かつ笑みをたたえた二時間が、まさしくスタッフにとっても〝心地よい空間〟でした。またテーマを変えて、機会や参加者を増やしていけたらと思っています。

12 「グローバルビジネス最前線」

講座概要

午後二時過ぎ講師佐藤進治さんの挨拶から静かに講座は始まりました。

今回参加していただいた皆さんは少なくとも現在の日本を取り巻く状況について何か感じていらっしゃったか、もしくは今後この国が再び競争力を取り戻すためどうしたらいいのかということについて興味を持ってらした方が多かったので、佐藤さんの現場の話はかなり興味を持って聞くことが出来たようです。

まるで企業の研修のように、佐藤さんの自己紹介の後、参加者の自己紹介にすすみました。午後三時すぎまでは佐藤さんの現場体験のお話を皆さん熱心に聞いておりました。十分間の休憩を取り、後半は二班に分けディスカッション形式で進めていきました。

スタッフ感想

講座を終えて思ったのですが、このようなビジネス的な講座にはやはりディスカッションが必要なのだろうと感じました。今回は年齢層も広くやや専門的な講座でしたが、現在の日本の状況を考えれば必要不可欠なものであったと思います。なお、佐藤さんから国内外の企業の要請で話すことはあったけれども自分から手を挙げて話したのは初めてのことだったので、自分自身にとってもＡｃｔであったとのコメントを頂戴致しました。

13 「無料ではじめるブログ」

講座概要

これからブログを開設してみようという方、すでにブログは開設しているけど、もっとアクセスを増やしていきたい方向けの講座でした。今回の講師は、「柏 LIFE」主宰のにゃんこさんでした。柏 LIFE のブログのきっかけは、柏の街の変遷が速いために記録をきちんと残しておきたかったことだそうです。講座では、無料ブログサイトの会社別特徴、開設の仕方から細かな設定、コメントやトラックバックの注意点、多くの人にみてもらうための細かなコツやノウハウなどについて、丁寧に解説していただきました。喫茶店という会場で講師と受講者の距離が近いということもあってか、和気あいあいの雰囲気で活発な質疑応答のある講座となりました。ブログとは直接関係ありませんが、覆面調査員（ミステリーショッパーズ）などの話題でも盛り上がりました。

スタッフ感想

十四時からスタートの前から、すでに参加者と講師のにゃんこさんの間で質疑応答がはじまっており、主催者としてはやや汗。ネットでしか見ることのできないご本人から話が聴けるこの機会、ＰＣ持参で詳細に記録をとっていたところ、真剣に話に夢中になってしまい、写真撮影を忘れてしまい、講座終了後に気づくという失態となってしまいました。にゃんこさんの素顔はしたがって謎のまま……ということで。ブログについて知っている人もこれから始める人もそれぞれに新鮮な発見があった一時間（実際には一時間半くらいお店にお邪魔していました）でした。最後にご本人から、ツイッター講座もやってみたいとのことでした。その会も実現できたらいいな、と思いつつ、会場をあとにしました。会場提供してくださったカフェ・マさんも、ありがとうございました。

14 「五名限定。実売一億円の経験を伝授します！商材集めから始めるネットショップ経営」――

講座概要

一人ひとりの「やりたい事」に合わせて、いかにして商売を成り立たせていくか。という、やや実践向けの講座になりました。

講師が全員に向けて話すのではなく、一人ひとりの内容に合わせて即興で考えていきます。また、参加者全員で、その一人に対して質問や意見、アイディアを出してき、またそれを皆で話し合うというものです。

この中で、実際にネットショップ設立を検討中の方が居ましたので、次回からは、その方のアイディアを中心に、実際のネットショップ運営までのプロセスを作り上げる会となりました。

スタッフ感想

ネットショップを始めるにあたっての心構え、これは何の商売でも当てはまると思いますが、実践的な手法、さらには世間から評価されるネットショップになるには等々、実際に現場の最前線にいる講師ならではの講義を聴くことが出来ました。ネットショップでもオフライン的な動きも非常に重要である事等はさらに勉強になりました。また、全くの初心者かつネットショップの具体的な出店構想のない私でも有意義に受講出来ました。自分自身の活動の上でも重要なヒントが得られたようにも思います。

15「真剣勝負のサイエンス・カフェ」

講座概要

まだサイエンスが結論を出していない、議論が分かれそうなテーマを抽出し、日常では、大人の配慮で避けてしまいがちなテーマについて、サイエンスの基本事項を確認し、真剣勝負で議論する。

第一回目は、「科学vs超常現象」。科学の進歩には、科学で語りえないものを追及した。

第二回目は、「地球外生命」。科学についての対話の場。最初に、宇宙の広さ、宇宙の起源、生命の起源、ハビタブルゾーン（液体の存在するゾーン）にある惑星などの基礎情報を確認し、「宇宙人に肉体はあるのか?」、「もし宇宙人がいたら、なぜ話したことがないのか?」など。次元、超ヒモ、素粒子、エネルギー、進化、ナスカの地上絵、認識論、ロズウェル事件、宗教、などなど話が深まった。

第三回目は、生物学の専門家を招いて、「遺伝子とiPS細胞」について話し合った。基調講演者にも遠慮なく質問が飛び交う熱い場だった。第四回目は、「幽霊」を予定。

基礎知識は、いらない。考える力と対話の力が鍛えられる。好奇心旺盛な参加者の集まりだ。

スタッフの感想

副学長の福島毅さんは、高校教諭で、地学と情報の科目を教えている。柏まちなかカレッジを設立する時、私が哲学カフェをイメージしていたのに対し、福島さんはサイエンス・カフェをイメージしていた。

「今まで日本で行われているサイエンス・カフェは、どこか、大学の講義をただカフェでやっているという気がしませんか？　カフェテリアという場所は使うけど、基本講義を聴いていくつかの質疑応答があって終わってしまう。おしゃれな場所でちょっと教養を身につけうれたかな……どまり。それってサイエンス・カフェなのかなぁ」

福島さんは、こんな不満を抱え、柏まちなかカレッジで本物を実現したいと話していた。

柏まちなかカレッジがスタートし、福島さんは、ワールドカフェや「そもそも会議」など対話系の企画に力を入れるようになり、このサイエンス・カフェ構想は表には出てこなかった。

サイエンス・カフェの提案は、「魁!!!歴史塾」に熱心に参加している杉本隆秀さんから出てきた。杉本さんは、声も体も大きく、生き生きとしている。若い時に、事業で成功し、三十代くらいから自由に仕事をしたり、科学や哲学を勉強したりしながら生きてきたそうだ。そんな中で行きついた結論が、「教育が大切」というもので、私たちの活動に理解を示してくださっている。

杉本さんは、科学を愛し、世の中のことは科学で説明できると断言している。火の玉論争などでも有名な大槻義彦教授のような考えだ。一方で、スピリチュアルなこと、超常現象の可能性を信じている人もいる。柏まちなかカレッジが、中立な立場で、両者の意見を交わす場を設けるのは、本当のサイエンス・カフェを開催した私たちにぴったりと考えた。

会場は、周囲に気兼ねなく話し合える「どんぐり地球センター（福島さん宅）」に決定。感性豊かなアーティストの河田蒼さんなどを呼び、開催した。

正直、ケンカになったらどうしようか心配だった。終わってみると、知的な満足感を得られ、一安心。親子での参加もあり、盛り上がった。三年間、対話を中心に取り組んできた柏まちなかカレッジの底力を実感できた。

「怪力乱心語らず。神や仏も語らず。奇跡や神秘を売りにせず」という名言が頭によぎり、参加するか悩んだ結果、参加したという人もいたのが印象深い。

地域の力を引き出す学びの方程式

柏まちなかカレッジにみる教育×まちづくりの答え

発行日　2013年11月4日　初版第一刷
　　　　12月15日　第二版第一刷

著者　山下 洋輔

発行人　仙道 弘生
発行所　株式会社 水曜社
〒160-0022 東京都新宿区新宿1-14-12
TEL　03-3351-8768　FAX　03-5362-7279
URL　www.bookdom.net/suiyosha/
印刷　日本ハイコム株式会社
デザイン　熊澤正人＋山中健雄（POWER HOUSE）

ISBN978-4-88065-331-0 C0036